Nos Passos dos Bodhisattvas

Nos Passos dos Bodhisattvas

Ensinamentos budistas sobre a essência da meditação

Phakchok Rinpoche

Tradução de Paula Rozin

Lúcida Letra

Título original: *In the Footsteps of Bodhisattvas: buddhist teachings on the essence of meditation.*

Publicado em acordo com Shambhala Publications, Inc.

Coordenação editorial: Vítor Barreto
Revisão técnica: Francesca Sperb
Revisão: Joice Costa, Dirlene Martins

Ilustrações © Christopher Banigan
Arte da capa: cortesia de Robert Beer
Design da capa: Daniel Urban-Brown
Adaptação do projeto: Diego Navarro

1ª edição, 03/2022

Dados Internacionais de Catalogação na Publicação (CIP)

R582n Rinpoche, Phakchok, 1981-.
Nos passos dos Bodhisattvas : ensinamentos budistas sobre a essência da meditação / Phakchok Rinpoche ; tradução de Paula Rozin. – Teresópolis, RJ : Lúcida Letra, 2021.
176 p. : il. ; 21 cm.

ISBN 978-65-86133-46-2

1. Meditação - Budismo. 2. Bodhisattvas. 3. Budismo - Ensinamentos. 4. Samadhi. I. Rozin, Paula. II. Título.
CDU 294.3

Índice para catálogo sistemático:
1. Meditação : Budismo 294.3

(Bibliotecária responsável: Sabrina Leal Araujo – CRB 8/10213)

A terra pode se esfacelar com suas montanhas e florestas
e as águas do oceano também podem se dispersar;
o sol e a lua podem desabar no chão,
mas o discurso do Vitorioso nunca muda.

— O SUTRA REI DA MEDITAÇÃO, CAPÍTULO 14

SUMÁRIO

Prefácio

O fato de o Buddha Shakyamuni ter nascido neste mundo e ensinado o Dharma é uma sorte imensa para aqueles que se conectam com seus ensinamentos. Ainda podemos ler e ouvir suas palavras e, com a orientação dos mestres vivos da linhagem, aplicar suas instruções diretamente à nossa mente. Para nós, praticantes budistas, a raiz original e essencial da nossa prática são os textos que preservam as palavras do Buddha Shakyamuni, bem como os comentários que elucidam o significado dessas palavras preciosas. Quando fazemos dos seus ensinamentos a base da nossa prática pessoal do Dharma, bênçãos inimagináveis se tornam disponíveis para nós.

Phakchok Rinpoche tomou as palavras do Buddha contidas no *Sutra Rei da Meditação* como base para seus ensinamentos em *Nos passos dos Bodhisattvas*. Uma vez que as próprias palavras do Buddha são a fonte mais pura do Dharma, podemos ter certeza de que esses ensinamentos nos levarão a um caminho que conduz à felicidade duradoura do despertar. Estou muito feliz por Phakchok Rinpoche ter escrito este livro e peço que vocês estudem essas palavras, levem ao coração as instruções encontradas aqui e as apliquem de forma sincera e direta em sua experiência pessoal. Se fizerem isso, sem dúvida elas trarão grandes benefícios.

Chokyi Nyima Rinpoche
Boudhanath, Katmandu, Nepal
22 de maio de 2020

PREFÁCIO DO EDITOR

QUEM QUER que aplique as instruções contidas neste livro pode abandonar o medo e o descontentamento e caminhar para a confiança e a alegria. Elas contêm a essência da prática da meditação budista, extraída por um autêntico mestre e oferecida a qualquer pessoa que alimente o desejo de se tornar uma luz neste mundo confuso. Esses ensinamentos foram dados por Phakchok Rinpoche em todo o mundo, ao longo de vários anos. Lembro-me de um grupo íntimo de estudantes sentados no chão da sua sala de estar em Boudhanath, no Nepal, bebendo chá sob um altar de madeira cheio de estátuas preciosas herdadas dos seus ancestrais, ouvindo extasiados enquanto ele expunha em detalhes a essência da compaixão. No auge do verão, em seu centro de retiros, em Cooperstown, Nova York, Rinpoche usou o texto-raiz do *Sutra Rei da Meditação* para mostrar a seus alunos o verdadeiro significado da meditação. Em um apartamento aconchegante, ao lado de um Central Park outonal, Rinpoche descreveu como as coisas aparecem para uma mente que é livre de sofrimento. Em cada um desses casos, Rinpoche nos levou à essência da sabedoria do Buddha, baseando-se nas palavras do Buddha histórico, Shakyamuni.

Os ensinamentos atribuídos ao Buddha são chamados de *sutras*, e este livro é baseado no sutra chamado *Rei da Meditação* (também conhecido por seu título em sânscrito, *Sutra Samadhiraja*). De todos os ensinamentos do Buddha, na escola Mahayana do budismo, este sutra sobre meditação é considerado um dos mais influentes. O budismo Mahayana, ou o "Grande Veículo", ensina que a iluminação surge quando percebemos que vacuidade (*shunyata*) e grande compaixão (*mahakaruna*) são indivisíveis. Vacuidade aqui se refere ao fato de que somos incapazes de encontrar algo estável ou permanente, seja dentro de nós mesmos ou nos chamados fenômenos externos. Grande compaixão se refere à compaixão que não tem ponto de referência — algo semelhante a um amor incondicional. O Buddha diz que podemos realizar essa profunda unidade quando desenvolvemos a conduta correta, a meditação e a sabedoria que tudo discerne. O *Sutra Rei da Meditação* contém ensinamentos poderosos precisamente sobre esses três tópicos e pode, portanto, guiar-nos de forma confiável para a realização meditativa permanente e indestrutível que é livre de sofrimento.

Samadhi é em geral traduzido livremente como "meditação" e *raja,* como "rei". Por isso, *Samadhiraja Sutra* é comumente chamado de "Sutra Rei da Meditação". Embora seja conveniente equiparar a palavra samadhi com "meditação", Phakchok Rinpoche não quer que reduzamos nossa compreensão de samadhi a um estado de absorção ou de vazio, que traz uma boa sensação. Ao longo deste livro, Rinpoche nos lembra repetidas vezes de que o samadhi mais elevado está além da absorção e além de conceitos. Está naturalmente presente quando reunimos a visão correta da realidade, as práticas autênticas da meditação do Buddha e a atividade supremamente altruísta. Isso é aprimorado pelo cultivo da bondade amorosa, compaixão, alegria e equanimidade, e revelado por meio do discernimento hábil de quem somos, do que somos feitos e para onde estamos indo. Neste livro, aprendemos como podemos nos envolver em tais práticas e investigações, para que possamos nos entregar à unidade de vacuidade e compaixão naturalmente.

Este livro foi organizado em torno das citações favoritas de Phakchok Rinpoche do *Sutra Rei da Meditação*. Rinpoche vasculhou sua cópia pessoal do sutra e selecionou os versos que considerou mais potentes para seu próprio treinamento. Então, pediu a Oriane Lavole, da *Lhasey Lotsawa Translations and Publications*, que os traduzisse do tibetano para o inglês. Essas citações não são apresentadas na mesma ordem em que aparecem no texto-raiz, que tem muitas centenas de páginas. Em vez disso, a compilação foi extraída e organizada como um caminho de treinamento para os alunos e leitores de Phakchok Rinpoche. Estas são as palavras do Buddha. Elas devem ser contempladas, saboreadas e aplicadas na nossa experiência.

Este é um livro para praticantes iniciantes, bem como para aqueles que fizeram dos ensinamentos do Buddha o centro de suas vidas. É perfeitamente adequado ler este livro do início ao fim, ao mesmo tempo em que dedica sequencialmente uma semana, duas semanas, um mês ou um ano aos exercícios no final de cada capítulo. Também pode ser útil abrir o livro em qualquer um dos capítulos e extrair inspiração das palavras nele contidas.

De modo geral, este é um livro repleto de sabedoria — não a sabedoria alquebrada e empoeirada de uma velha biblioteca, mas a sabedoria dinâmica e sensível que está inegavelmente presente nos olhos e nas ações dos adeptos do budismo. Este livro está imbuído da lucidez de Phakchok Rinpoche e sua longa linhagem de professores iluminados, que remonta ao próprio Buddha. Essas são as instruções orais de mestres que trilharam o caminho do sofrimento para a bem-aventurança e transmitiram sua sabedoria a Phakchok Rinpoche. Ele agora nos transmite essa sabedoria.

Sempre que Rinpoche dava esses ensinamentos sobre o *Sutra Rei da Meditação*, ele parecia transbordar de coragem. Esse é o dom das palavras do Buddha. Esses ensinamentos nos dão a coragem de trilhar habilmente o caminho nodoso da nossa vida para chegar à morada bem-aventurada do despertar. Esse é o caminho dos bodhisattvas, e aqui estamos sendo convidados a seguir seus passos.

Foi com grande compaixão que Kyabgon Phakchok Rinpoche me pediu para ajudar a compilar essas instruções. Quaisquer erros ou falhas neste texto são totalmente meus. Qualquer benefício que você receba da leitura deste livro se deve exclusivamente à bondade do Rinpoche.

Jack deTar
Nova York
8 de outubro de 2019

AGRADECIMENTOS

GOSTARIA DE expressar minha gratidão a Kyabje Khenpo Rinpoche. Quando comecei a ler e estudar o *Sutra Rei da Meditação*, ele respondeu muitas das minhas perguntas e revelou porque esse texto é um dos pilares da tradição de meditação tibetana. Ele vem de uma geração mais velha de mestres de meditação e tem um profundo respeito por este sutra. O fato de Khenpo Rinpoche ter tanta admiração pelo *Sutra Rei da Meditação* deveria inspirar seus amigos e alunos a estudarem essas palavras. Também gostaria de agradecer a Jack deTar por sua ajuda na escrita deste livro. Gostaria de agradecer a meu secretário, Joshua Fouse, por sua ajuda consistente em tudo, e a Oriane Lavole pela tradução das citações do texto-raiz e seus esforços em nome da *Lhasey Lotsawa Translations and Publications*. Alan Pope e Libby Hogg trabalharam muito para editar este manuscrito; sou grato por seus esforços e aprecio também o trabalho dos muitos membros da sangha que transcreveram meus ensinamentos ao longo de todo o processo.

Nos Passos dos Bodhisattvas

Introdução

Este não é um livro sobre um tipo unidimensional de treinamento de meditação. Em vez disso, este livro ensina como a essência intangível da meditação surge naturalmente quando alinhamos de modo adequado as condições corretas na nossa vida. Essa essência é compassiva e repleta de bem-aventurança, mas totalmente inconcebível; ainda assim, pode ser realizada. Você não vai querer isso?

Para obter esse entendimento da realidade que traz a total liberdade, precisamos praticar os ensinamentos básicos do caminho budista Mahayana. Não podemos nos concentrar em uma única técnica de meditação e esperar ter um resultado proficiente se a extrairmos do contexto da visão, meditação e conduta corretas. Em vez disso, devemos alinhar todas as dimensões da nossa vida com a prática autêntica. É a isso que no budismo chamamos de "trilhar o caminho". Se formos capazes de alinhar nossa vida com a prática, não há dúvida de que realizaremos o coração aberto da verdadeira meditação.

Como em outros livros de Dharma, vamos encontrar aqui exercícios e métodos de meditação; mas também encontraremos as palavras diretas do Buddha, provenientes do *Sutra Rei da Meditação*, organizadas em um caminho de treinamento bem definido. O sutra em si tem quarenta capítulos, dos quais selecionei minhas citações favoritas e as compilei neste texto. Se dedicarmos tempo para refletir sobre essas passagens e aplicarmos as instruções e métodos oferecidos em cada capítulo, sem dúvida teremos resultados positivos. Afinal, estamos estudando e praticando as palavras do Buddha.

A menos que sejamos acadêmicos budistas com uma biblioteca de sutras, quantos dos nossos livros de Dharma realmente nos oferecem as palavras do Buddha? Lemos muitas citações de grandes mestres, mas com que frequência trabalhamos com as citações diretas do Buddha na nossa vida diária? Ao ler e saborear as palavras do Buddha, desenvolvemos confiança e a dignidade de poder conhecer o que ele ensinou com suas próprias palavras. Quando pessoalmente confio nos ensinamentos do Buddha, o insight sobre a realidade brota.

O CAMINHO MAHAYANA

Este sutra não pertence a uma linhagem específica — pertence a todas. Podemos ter um interesse geral em meditação, ser um estudante da Soto Zen, do budismo tibetano ou de qualquer outra escola de budismo, e este ensinamento pode ajudar a nossa prática. Entretanto, o *Sutra Rei da Meditação* é uma escritura Mahayana, ou uma escritura da tradição Mahayana, o Grande Veículo dos ensinamentos do Buddha. O caminho Mahayana é chamado de "grande" porque tem como objetivo a liberação de todos os seres do sofrimento e porque leva à realização da vacuidade do eu e dos fenômenos.

O eixo central do caminho Mahayana é a bodhichitta, ou o despertar da mente da compaixão. A bodhichitta é dividida em termos das duas verdades da realidade — isto é, a verdade relativa e a verdade última. Bodhichitta relativa é a que treinamos enquanto estamos no caminho, e compreende ainda duas partes: a bodhichitta da aspiração e a bodhichitta da aplicação. A bodhichitta da aspiração refere-se ao cultivo dos estados mentais de bondade amorosa, compaixão, alegria e equanimidade, que são ilimitados. Por meio do treinamento nessas atitudes, nossa mente se torna altruísta e estável. A bodhichitta da aplicação refere-se à prática das seis perfeições: generosidade, disciplina, paciência, esforço alegre e meditação, todas essas englobadas pela sexta, a perfeição da sabedoria. Por meio do treinamento nessas perfeições, beneficiamos outras pessoas e criamos condições positivas na nossa vida que sustentam a nossa prática. Este livro nos ensina a unificar todas essas práticas para dar origem à bodhichitta suprema, que nada mais é do que o estado de iluminação completa, o samadhi supremo.

O Sutra Rei da Meditação

Estudei métodos de meditação pela primeira vez quando tinha dez anos, mas a prática não começou efetivamente até que eu tivesse dezesseis anos, e ainda assim passaram-se outros três anos até que eu começasse a experimentar benefícios reais, tal como me tornar mais atento e compassivo. Aos 21 anos, conheci o *Sutra Rei da Meditação* como parte dos meus estudos na universidade monástica Dzongsar Shedra, na Índia. No entanto, foi só aos 31 anos que realmente comecei uma exploração intensiva do texto, que se seguiu pelos últimos sete anos. Quando comecei a investigar o texto em detalhes, vi que muito do que vinha estudando, refletindo e praticando ao longo de minha vida estava diretamente relacionado a esse sutra. Também descobri que, nesse sutra Mahayana, o Buddha ensina métodos que usamos na tradição Vajrayana do budismo tibetano. Espero que, quando os praticantes Vajrayana reconhecerem seus métodos neste livro, aumentem sua confiança em sua própria prática.

Alguns de nós se consideram praticantes da tradição de meditação Mahamudra. Se esse for o seu caso, saiba que o caminho do Mahamudra é o resultado dos ensinamentos do *Sutra Rei da Meditação*. O sutra em si não é organizado como um manual tradicional do Mahamudra; tais manuais surgiram centenas de anos depois que este sutra foi escrito e foram desenvolvidos por grandes mestres tendo-o como base. Tradicionalmente, os manuais do Mahamudra fornecem 60 estágios sequenciais de prática. Este sutra não é assim. Em vez disso, inclui perguntas e respostas entre o Buddha e os bodhisattvas — seres que percorrem o caminho do completo despertar por meio do cultivo da *bodhichitta*. O *Sutra Rei da Meditação* inclui instruções sobre como se comportar habilmente, como pensar habilmente e como usar o mundo aparentemente material como um suporte para o seu treinamento, bem como conselhos claros sobre como "sair da frente" para que sua sabedoria inata possa emergir naturalmente.

O sutra está cheio de histórias que penetram diretamente na essência da meditação, a que se refere como samadhi. Por milhares de anos, tem sido o livro que acompanha monges, monjas, iogues e praticantes leigos. Desejo que vocês aprendam a meditar usando essa fonte, que se conectem com o Buddha e comecem a treinar meditação exatamente como os mestres do passado o fizeram.

A mensagem dos sutras Mahayana

Assim como o famoso *Sutra Rei da Meditação*, o Buddha ensinou muitos sutras no Pico do Abutre. Na verdade, muitos dos ensinamentos aparentemente díspares do Buddha se complementam de uma forma impressionante. Por exemplo, podemos compreender a intenção deste *Sutra Rei da Meditação* observando como ele se relaciona com o popular *Sutra do Coração*.

O *Sutra do Coração* descreve o estado búdico. Quando seguramos nas mãos o *Sutra do Coração*, estamos na verdade segurando o estado búdico. Quando lemos o *Sutra do Coração*, vemos afirmações como "...não há um caminho, nem sabedoria, nem realização, nem não realização..." e assim por diante. Quando lemos isso, podemos pensar: "Que loucura é essa? É claro que o Buddha ensinou um caminho e métodos, e deu todos os tipos de ensinamentos por meio dos quais podemos nos livrar do sofrimento, então o que está acontecendo aqui?". O que o *Sutra do Coração* está dizendo é isso: tudo é mente, a mente é vazia, a natureza vazia é clareza, e a clareza é consciência pura.

A consciência pura é a budeidade; o estado búdico não tem um caminho; esse estado não tem realização; esse estado não tem não realização. Esse estado é livre dos cinco agregados de forma, sentimento, percepção, formação e consciência, que constituem toda a nossa experiência. Se tivermos a sorte de receber instruções sobre como encontrar esse estado livre de consciência pura por meio da meditação, não seremos capazes de mantê-lo por muito tempo, talvez apenas alguns segundos. Portanto, o *Sutra do Coração* descreve o estado de iluminação, mas não nos ensina como alcançá-lo de forma prática.

Costumo ensinar outro sutra intitulado *Sutra da Sabedoria na Hora da Morte*. Este sutra é muito curto e oferece instruções condensadas sobre como alcançar o estado descrito no *Sutra do Coração*. Havia um antigo rei tibetano que costumava ler o *Sutra do Coração* todos os dias para esclarecer sua visão da realidade, mas ele também costumava ler o *Sutra da Sabedoria na Hora da Morte* para guiar sua prática de meditação.

Agora, aqui está um ponto importante: assim como o *Sutra do Coração* é a forma condensada das 80.000 estrofes do *Sutra da Perfeição da Sabedoria*, podemos dizer que o *Sutra da Sabedoria na Hora da Morte* é a forma condensada do *Sutra Rei da Meditação*. Portanto, podemos ler esta citação do *Sutra da Sabedoria na Hora da Morte* para entender como vamos aprender a meditar neste livro baseado no *Sutra Rei da Meditação*:

> "Akashagarbha, no momento da morte, o bodhisattva deveria treinar na sabedoria da hora da morte. A sabedoria da hora da morte consiste no seguinte: uma vez que todos os fenômenos são naturalmente puros, cultive bem a noção da ausência de existência. Como todos os dharmas estão contidos em bodhichitta, cultive bem a noção da grande compaixão. Uma vez que todos os fenômenos são naturalmente luminosos, cultive bem uma mente livre de pontos de referência. Uma vez que todas as entidades

> são impermanentes, cultive bem um estado mental que não seja apegado a nada. Quando a mente é entendida, isso em si é sabedoria. Portanto, cultive bem a noção de que o Buddha não deve ser procurado em outro lugar."[1]

Essa instrução é muito profunda. Ela sintetiza todos os pontos de treinamento do caminho Mahayana. Por meio dos ensinamentos do *Sutra Rei da Meditação*, aprenderemos a aplicar cada uma dessas afirmações de modo completo e direto.

A ESSÊNCIA DA MEDITAÇÃO

O mundo do século XXI deve compreender que a verdadeira meditação dá origem à completa liberdade. Se não entendermos isso, corremos o risco de diluir a ideia da meditação em uma simples sessão sentada na almofada para nos fazer sentir calma. Se buscamos a liberação do sofrimento e desejamos uma profunda relação com a realidade, todas as experiências da nossa vida devem se tornar meditação. Peço que os leitores considerem a visão e as práticas de meditação descritas neste livro como um caminho, ou como um grande suporte para a tradição autêntica de meditação que estão praticando atualmente. Esses métodos funcionaram para inúmeros praticantes que vieram antes de nós e vão funcionar para nós também.

Tudo o que vemos, ouvimos e sentimos pode ser meditação, incessantemente. Minha intenção é que esse texto dê a vocês a verdadeira instrução. Espero que isso os beneficie direta e imediatamente. O *Sutra Rei da Meditação* me afetou pessoalmente de modo muito profundo.

---

1 Prajnasamudra e Santideva, *The Noble Wisdom of the Time of Death Sutra*, tradução da *Lhasey Lotsawa Translations and Publications* (Nepal: Lhasey Lotsawa, 2015), 5-7. https://lhaseylotsawa.org/books/the-noble-wisdom-of-the-time-of-death-s%C5%ABtra-and-commentaries.

Desejo que este livro faça os seres verdadeiramente felizes. Espero que o mérito deste livro seja uma causa para que as aspirações puras dos buddhas e bodhisattvas — aqueles que realizaram o caminho e experienciaram a meditação mais elevada, o rei dos samadhis — se tornem realidade.

1
O rei do samadhi

É o caminho da sabedoria dos buddhas;
o selo de todos os fenômenos; sabedoria
perfeita, onisciente.

— Capítulo 1

Certa vez, o Buddha estava com uma grande assembleia de bodhisattvas na montanha sagrada do Pico do Abutre, no norte da Índia. Foi lá, entre pedras empilhadas e sob o céu aberto, que ele teria ensinado muitos dos sutras Mahayana. Incontáveis seres se reuniram para se sentar diante dele e receber sua sabedoria.

Um dia, enquanto Buddha repousava na realização da realidade última, um bodhisattva especialmente atraente, chamado Jovem Luar se aproximou. Ajoelhou-se respeitosamente e pediu ao Desperto que girasse a Roda do Dharma, dando um ensinamento sobre o modo perfeito de praticar a meditação. Ele queria saber qual era a conduta mais perfeita, a meditação mais perfeita e a sabedoria mais perfeita.

O Buddha, transbordando de alegria, olhou para o bodhisattva e disse que, por ser desperto, ele seria capaz de ensinar o Jovem Luar. O Buddha disse que existe um samadhi, uma meditação, que traz a realização completa, a compreensão total e o desenvolvimento natural de inúmeras qualidades: o samadhi da grande igualdade. Para a alegria de todos ali, Buddha começou a ensinar o *Sutra Rei da Meditação*, que explica perfeitamente como podemos abandonar a ignorância para alcançarmos a iluminação.

INDO ALÉM DO SAMSARA

O sutra nos ensina a ser naturalmente virtuosos, gentis e amorosos. Ele nos ensina como ver com clareza, a falar com clareza, nos ensina como refletir sobre os ensinamentos do Buddha e como sustentar o poder da atenção plena. O sutra nos leva à completa extinção dos hábitos e nos mostra como ir além da dor do samsara, o ciclo infinito de sofrimento. Primeiro, treinamos os métodos do *Sutra Rei da Meditação* para realizar a meditação suprema. Em um próximo momento, a nossa vida naturalmente se torna essa meditação.

Queremos desenvolver sabedoria. Queremos que nossa mente seja como uma montanha, inabalável. Não queremos retroceder em nossa prática budista. Em vez disso, queremos ser virtuosos e reduzir nosso comportamento negativo. Queremos conhecer a mente dos outros para que possamos ajudá-los. Desejamos renunciar ao mundo da dor. Não queremos mentes fracas e solitárias. Queremos saber como compreender o Dharma e como domar a mente. Queremos aprender como resolver conflitos na nossa vida e na vida das outras pessoas. Queremos ver a pureza natural de todas as coisas. Se pudermos fazer isso, seremos felizes. Na verdade, estaremos além da alegria e da felicidade convencional.

Este samadhi supremo ou meditação suprema ensinada pelo Buddha no Pico do Abutre não é um estado de absorção. Ele não é cultivado, não é um tipo de filme mental que sobrepomos a todas as outras coisas na nossa vida. É um estado não fabricado — o reconhecimento da verdadeira natureza da realidade. É a vivacidade da natureza vazia da nossa mente que não tem qualquer identidade permanente, que é simplesmente consciência pura.

Criando condições positivas

Para atingir essa realização, criamos condições positivas que sustentam seu desabrochar, como descrito no sutra nas passagens abaixo:

> Não despreze aqueles que sofrem, mas dê-lhes recursos; não despreze os empobrecidos; tenha compaixão por aqueles cuja disciplina é fraca; beneficie os seres por meio de doações prestimosas, bondade amorosa e Dharma; doe coisas materiais.
>
> — Capítulo 1

Este treinamento não envolve apenas longas horas sentado na almofada de meditação. É um caminho percorrido em cada momento do nosso ser. Percorremos esse caminho exercitando nossa habilidade no nível relativo — nos tornamos pessoas melhores, sem hipocrisia. Em certo sentido, nos tornamos verdadeiros e reais, ao mesmo tempo que nos voltamos para o supremo.

> Sendo habilidoso; abandonando as características; descartando os conceitos.
>
> — Capítulo 1

Ser habilidoso requer atenção plena. Aqui, "atenção plena" significa discernir o que deve ser adotado e o que deve ser abandonado. Precisamos tomar consciência dos nossos estados mentais negativos e positivos. Devemos saber claramente se estamos prejudicando ou beneficiando os outros e a nós mesmos. Para isso, observamos a nossa motivação. Desenvolvemos a habilidade de abandonar estados mentais prejudiciais e de passarmos a ser bons em criar o mérito dos estados mentais positivos. Esse tipo de atenção plena requer um cultivo contínuo e um esforço alegre, cujos frutos são as condições para o despertar do insight em nossas sessões formais de meditação sentada.

O CAMINHO DA REALIZAÇÃO

No que diz respeito à meditação, o Buddha disse ao Jovem Luar que a prática começa com o foco na representação do corpo do Buddha. O Buddha nos instruiu a estabilizar a mente na forma do Buddha (no nosso caso, em uma visualização do Buddha) e nos abrirmos para as qualidades sublimes representadas por essa forma. Desse modo, desenvolvemos o poder da concentração que é então aplicado à investigação da mente. Depois de ter investigado a mente, ampliamos a força da nossa realização da vacuidade ao abandonar as características específicas dos fenômenos como sendo imutáveis e fixos.

> Tenha como base a vacuidade; apoiando-se na falta de características; perceba a essência da falta de desejo.
>
> — Capítulo 1

Quando a força da nossa realização se desenvolve, descartamos os conceitos por completo. Depois de descartar os conceitos, repousamos na realidade sobre a qual nada resta a ser dito.

> Abençoado pelo Buddha,
> conhecerás a realidade suprema.
> Conhecendo a realidade suprema,
> Não há mais nada a dizer.
>
> — Capítulo 11

Ao descartar os conceitos, adquirimos destemor, expandimos a clara consciência que é livre de conceitos e mantemos a disciplina pura.

> Adquirindo destemor; espalhando a luz da sabedoria e tendo disciplina pura.
>
> — Capítulo 1

Não há realização mais elevada que essa. Ao nos conectarmos com o sutra que ensina este método, conectamo-nos com o verdadeiro Buddha, que é a mente desperta.

Às vezes, podemos ter medo do caminho, sem entender o que significa renunciar ou abandonar nossos hábitos. Muitos sentem esse medo. Lembrar das palavras do Buddha nos ajuda: se o que buscamos é a bem-aventurança e a felicidade mundanas, então praticar o que é ensinado neste *Sutra Rei da Meditação* certamente trará a bem-aventurança mundana. Se o que buscamos for a bem-aventurança de um Arhat, a bem-aventurança de ir além das aflições das emoções negativas será alcançada. Se o objetivo é tornar-se um buddha totalmente desperto, a prática desse samadhi profundo levará à total purificação mental, à vasta sabedoria e ao poder indizível do completo despertar.

> Destrói todas as percepções,
> e é, portanto, chamado de samadhi.
> Não dá origem a emoções aflitivas;
> é puro, claro e luminoso,
> inabalável e incondicional:
> o domínio dos bodhisattvas.
>
> — Capítulo 13

2

Apenas o "eu" é doloroso

Quem tem apego ao ego
está em estado de sofrimento.

— Capítulo 14

Dentro do nosso carro, a caminho do trabalho, em restaurantes ou em conversas com nossos familiares, muitas vezes nos sentimos criticados. Tememos ser insultados, temos medo do sofrimento e tememos o inferno. A verdade é que mergulhamos no inferno o tempo todo. Mergulhamos no inferno sempre que entramos em crise ou ficamos preocupados, o que quase sempre é o caso. A expectativa de ser agredido por outras pessoas esgota a nossa energia e nos coloca em estado de pânico.

Acabamos no inferno porque estamos apegados a inúmeras condições que definitivamente vão mudar — condições que afinal de contas não têm substancialidade. Essas condições, como a cor do nosso cabelo, a juventude da nossa pele ou a qualidade das nossas roupas, são a base para nossa crença em um "eu" real. Podemos vasculhar o mundo inteiro, experimentar vários figurinos e conhecer muitas pessoas, e ainda assim não encontraremos o eu. Procuramos um verdadeiro "eu" no centro da nossa experiência, mas não importa em quais sentidos confiamos para encontrá-lo, o "eu" está longe de ser encontrado. Podemos tentar sentir o gosto do eu com a nossa língua, ou cheirar o eu com o nariz, ou vê-lo com os olhos, mas ainda assim não podemos apontar para ele e dizer: "É isso!". Não apenas acredite no que estou dizendo — investigue! Você consegue localizar o eu verdadeiro e imutável?

1º: Procure o eu no corpo

> Olhos, orelhas e nariz são insubsistentes.
> Língua, corpo e mente são insubsistentes.
> Se essas faculdades fossem subsistentes,
> qual seria a vantagem do nobre caminho?
>
> — Capítulo 9

O corpo físico é a razão principal pela qual acreditamos em um "eu" sólido e real. Considere o seguinte: não há uma única coisa que não seja composta de outras coisas. Cada objeto é feito de partes e cada parte é feita de mais partes, e isso continua indefinidamente. Vemos uma forma e a chamamos de cadeira, mas quando procuramos o objeto "cadeira", onde ele está? Podemos dizer que existe um assento plano de madeira com um encosto de madeira e quatro pernas, todos afixados por pregos. Podemos isolar uma perna e procurar pela "essência da perna", mas encontraremos apenas uma composição de fibras de madeira. E, se analisarmos mais a fundo, encontraremos átomos e partículas subatômicas, e ainda mais divisões potenciais infinitas. Se sujeitarmos nosso corpo à mesma análise, descobriremos que ele também nada mais é do que uma agregação, uma composição de muitas partes.

Portanto, há algumas perguntas a serem feitas. Seu corpo é você? Em caso afirmativo, que parte do corpo? Que tal a sua mão: sua mão é você? Do que é feita a sua mão? Pele, osso, sangue e nervos? Se decepar a mão, você decepa uma parte do seu eu? Se decepar o corpo, você deceparia seu eu vigente em algum ponto? Mas se disser que o eu não está no corpo, onde ele está?

No Mahayana, embora o corpo seja uma forte condição para o apego à crença equivocada em um eu, ele não é algo considerado fundamentalmente mau. O problema é o apego ao corpo, que cria complicações e distrações. Na maioria das vezes, quando cometemos ações não virtuosas, elas estão a serviço do corpo. Roubo e violência, por exemplo, geralmente vêm do desejo de proteger nosso corpo. Embora não seja a totalidade da nossa experiência, a verdade é que inevitavelmente enfrentaremos a doença, a velhice e a morte. Acidentes envolvendo o nosso corpo ou os dos nossos entes queridos são inevitáveis. O Buddha disse que podemos aprender a ver o quanto é sem sentido permanecermos excessivamente apegados a esse corpo físico, lembrando que ele está destinado à decomposição. Além disso, devemos perceber que não podemos encontrar uma entidade única, inteira e verdadeiramente existente para chamar de "meu corpo".

2º: PROCURE O EU NA MENTE

Podemos tentar identificar a mente como o eu. Mas qualquer tentativa de encontrar a "mente" também é infrutífera. Ela é independente dos cinco sentidos. Se tentarmos dizer que a mente é desse ou daquele jeito, que tem uma cor, uma forma ou um cheiro, que está dentro ou fora do corpo, acabamos cometendo um erro. Mesmo assim, essa mente tão difícil de ver cria todas as facetas da nossa vida presente. Todo nosso sofrimento é criado por algo que sequer podemos identificar. Como o eu não existe, todos os nossos esforços para reificá-lo e protegê-lo com a esperança de obter uma felicidade duradoura estão condenados desde o início. Precisamos ter a realização de que não existe um eu para nos libertarmos totalmente do apego. Só então estabilizaremos o samadhi com grande facilidade.

> Percebendo o sofrimento dos seres
> que afirmam uma infinidade de pontos de vista,
> ensinas o Dharma da ausência de um eu,
> em que não há nem bem nem mal.
>
> — Capítulo 14

O Buddha dividiu o sofrimento em sofrimento físico, infelicidade mental e pobreza. Por exemplo, imagine que você acorda uma manhã e rola para fora da cama, e mesmo antes de seus pés tocarem o chão sente uma dor lancinante, como se alguém simplesmente enfiasse uma faca na sua barriga. Essa é a primeira categoria: sofrimento físico. Você percebe que tem que ir ao médico para descobrir o que há de errado. Depois de horas de análises e exames de sangue, o médico diz que você tem uma doença horrível e incurável. A dor que vem com essa informação é o sofrimento mental, ou o que às vezes é chamado de "sofrimento em cima de sofrimento". Além de tudo isso, você não tem seguro de saúde nem dinheiro para o tratamento e fica totalmente deprimido. Essa é a dor da pobreza.

Todo esse sofrimento vem de acreditarmos que existe uma pessoa verdadeiramente existente, que tem uma dor de estômago verdadeiramente existente, que tem uma doença realmente existente, que está verdadeiramente desamparada. Claro, devemos reconhecer que precisamos de condições materiais positivas para dar suporte à nossa prática neste momento, e que as condições materiais contribuem para nossa sensação relativa de bem-estar. Esse exemplo pretende simplesmente mostrar como, por meio da realização de que não existe um eu, não haveria ninguém para ser afligido. Será que estamos convencidos disso?

A melhor maneira de nos convencermos desse tipo de sofrimento é examinando a relação entre a mente e a noção do eu na vida cotidiana. Veja como sua crença em um eu determina quase todas as palavras que saem da sua boca, cada movimento que você faz, cada pensamento que você pensa. Observar dessa maneira é praticar a atenção plena. Meu professor costumava dizer que, se não tivermos atenção plena na nossa vida diária, somos um monte de estrume. Ele realmente dizia isso. Dizia que sem atenção plena somos simplesmente um monte de estrume e cheiramos muito mal, mas não sabemos disso. Sem atenção plena, sofremos e espalhamos sofrimento.

Até que você esteja convencido de que a mente é a coisa mais valiosa de todas, o Dharma não será tão importante para você. Mas um dia a ficha pode cair. Quando isso acontecer, estarei bem ao seu lado, sem que você me veja, batendo à porta da sua cabeça e dizendo: "Bem-vindo ao Dharma!".

> A mente que não está em meditação é presunçosa;
> a própria meditação é o segundo tipo de presunção.
> Sem presunção, gradualmente nos dedicamos ao
> despertar; atenção plena sem pretensão é a
> suprema budeidade.
>
> — Capítulo 13

No *Sutra Rei da Meditação,* o Buddha diz ao Jovem Luar que meditar sobre a natureza da ausência do eu é repousar em um estado em que a presunção está totalmente ausente. Quando não estamos engajados em meditação, estamos em um estado mental presunçoso. No entanto, quando nos sentamos e acalmamos o corpo para meditar sobre alguma *coisa*, uma presunção sutil ainda permanece. O que fazer? Precisamos descobrir o que não é um estado de presunção, pois essa é a genuína atenção plena do Buddha. O estado em que a presunção está ausente é a iluminação. Nesse estado de ausência de presunção, mesmo a *ideia* de "ausência do eu" não está presente. Observe que esse estado não é um vácuo ou um vazio escuro. Ao contrário, é o estado desperto.

Para chegar perto desse estado desperto, precisamos compreender como os buddhas e bodhisattvas são inseparáveis de nós. Na prática do budismo tibetano, primeiro visualizamos os buddhas e bodhisattvas e, em seguida, visualizamos que eles se dissolvem em nós. Muitas pessoas perguntam: "Como pode o Buddha se dissolver em mim? Eu sou uma pessoa má; faço muitas coisas terríveis". Eu sempre respondo a mesma coisa a eles: "Sim, talvez tenhamos muita negatividade dentro de nós. No meio de toda essa maldade, porém, existe um núcleo de bondade, e essa bondade é a natureza intrínseca, que não é condicionada e não constitui um eu singular".

"Você ama o seu marido?"

"Sim."

"Você ama o seu filho?"

"Sim."

"Você tem compaixão pelo cachorro do seu vizinho que fica latindo?"

"Não."

Então esse é o ponto. Você ama seu filho, ama seu marido e odeia o cachorro do seu vizinho quando ele está com fome. Isso significa que você tem algumas boas qualidades inatas, mas que essas qualidades são limitadas pelas condições relacionadas ao seu conceito do que é adequado para "mim". Como desenvolver essas boas qualidades inatas? Adquirindo confiança na potência das suas qualidades presentes e entendendo de onde elas vêm. No budismo, temos o seguinte ditado: "Se alguém quiser procurar água, deve ouvir o som de água caindo; se quiser localizar o fogo, tem que seguir o cheiro de lenha queimando".

3º: ENTENDA QUE A COMPAIXÃO É A AUSÊNCIA DO EU

Não importa se somos religiosos ou não, todos temos algum tipo de sensação de que a compaixão é correta. Se vemos algo que machuca outra pessoa, parece que também nos machuca. Claro, também podemos passar por uma lavagem cerebral para começar a achar que matar é bom — em nome de ideais, países, religião e coisas do tipo. Mas, em geral, sabemos o que é nocivo e o que é benéfico. A compaixão cresce continuamente a partir dessa noção intuitiva de que não existe um eu — de que talvez, no fundo, não somos sólidos e separados, de que talvez realmente compartilhamos a mesma natureza.

Ouvi uma história que acho que você já deve ter ouvido. Durante a Primeira Guerra Mundial, muitos soldados erravam intencionalmente seus tiros, porque não queriam matar seus inimigos. O comandante dizia: "Fogo! Fogo!", e alguns soldados atiravam e secretamente tentavam errar seus alvos. Até ouvi dizer que durante um feriado, embora os dois exércitos inimigos estivessem entrincheirados, os soldados saíram e fumaram juntos, tomaram café e conversaram. Até jogaram uma partida de futebol na terra de ninguém entre suas trincheiras. Mas, quando o feriado acabou, cada um voltou para o seu lado e continuou lutando.

Mesmo em meio a uma guerra, a maioria de nós não quer matar uns aos outros. Com frequência, a linguagem militar mostra isso. Em vez de dizer "matamos o inimigo", os soldados são ensinados a dizer "o alvo foi neutralizado". Não há um grande problema com a palavra "neutralizado", mas "matar" nos faz sentir alguma coisa. Não nos importamos em neutralizar, mas nos importamos em matar. Durante a Guerra Civil americana, houve vários casos em que um soldado atirou em outro e, quando a fumaça se dissipou, ofereceu remédios e ataduras ao homem em quem acabara de atirar! Essa é a natureza humana. Outro exemplo vem no caso de um amigo meu que é um excelente *kickboxer*. Ele é muito forte e ágil e já quebrou o nariz de muitas pessoas, mas a ideia de caçar pequenos animais o faz estremecer. Ele não gosta disso, sente uma compaixão genuína por eles. No fundo do nosso coração, temos a sensação de que a violência e a crueldade são algo errado. Isso vem de uma sensação intuitiva de que não somos seres independentes, e está exatamente de acordo com os ensinamentos do Buddha.

Esse sentimento é um sinal de que toda a nossa natureza é iluminada. É um sentimento que pode surgir sem nenhum treinamento espiritual porque é realmente assim que as coisas são.

A maioria das culturas e religiões enfatiza o respeito pela vida. É uma coisa básica, fundamental. Claro, às vezes um cara maluco vai dizer coisas malucas e ativar padrões negativos nas pessoas, e elas vão sucumbir ao feitiço das suas palavras. Mas, na maior parte, a ética é semelhante no mundo todo.

Meu professor disse que, se olharmos para o nosso planeta, veremos que só há um tipo de animal que seguirá o exemplo de outro da sua espécie até à estupidez completa, e esse animal é o ser humano. Respondi dizendo que os seres humanos são as criaturas mais inteligentes. Ele sorriu e me disse que, em certo sentido, são muito inteligentes e, em outro, são idiotas. Uma pessoa idiota pode se rebelar e todos irão segui-la —, mas mostre-me um animal capaz de sofrer uma lavagem cerebral completa pela fala de outro animal.

Quando nos permitimos ser quem somos, mesmo que não estejamos contemplando o Dharma ou refletindo sobre coisas espirituais, podemos ter uma mente bastante honesta. Podemos adotar uma propensão muito fundamental com a qual entendemos que fazer o certo é certo, e fazer o errado é errado. Podemos considerar o ensinamento do Buddha como o desenvolvimento desse conhecimento intrínseco, dessa bússola moral. Se temos compaixão pela nossa família, se sentimos que eles não estão de alguma forma distantes, não estão separados de nós, se nos magoamos quando eles se magoam, então podemos tentar expandir esse sentimento para o resto da sociedade. Tente expandir esse sentimento para todos os estranhos que passam na rua, para todos os pássaros lá fora, até mesmo para todos os especialistas debatendo seus pontos de vista na televisão.

Se você fizer algo bom para seus filhos e tentar não ter nenhuma expectativa de recompensa, isso é Dharma. Muitos pais, quando fazem algo bom para seus filhos, têm expectativas. "Eu fiz isso por você! Eu trabalhei tanto! E agora é assim que você me retribui?" Muitas vezes é assim. Alguns não verbalizam, mas a maioria sente. É normal. O Dharma, no entanto, é assim: faça algo bom, e isso em si é bom. Não peça nenhuma recompensa. Não construa o eu que sente necessidade de ser retribuído. Não espere retribuições. Essa é a parte do ensinamento do Buddha que leva ao desenvolvimento da compaixão pura. O Buddha explica a ausência de um eu para que os seres humanos possam se tornar melhores, mais saudáveis e livres.

A parte mais importante desse ensinamento é perceber que temos a capacidade de nos aperfeiçoar porque não somos uma entidade fixa. Se pusermos foco na prática da compaixão, nossa compaixão aumentará. Se nos empenharmos na prática da meditação, o insight sobre a ausência do eu se desenvolverá. Com esforço e atenção, o insight não tem escolha a não ser se desenvolver. Quando a compaixão e o insight se desenvolvem, o samadhi desponta.

> Conhecendo um, conheces todos;
> vendo um, vês todos.
> Por mais que ensines,
> nenhuma arrogância virá disso.
>
> — Capítulo 11

Se conhecemos a ausência do nosso próprio eu, começamos a conhecer a ausência de todos os eus. Torna-se mais fácil nos desligar dessa noção, mais fácil expandir. Nessa noção ampliada de vacuidade compassiva, entramos em contato com o grande samadhi.

Entendendo a ausência de um eu

Procure a identidade do "eu" de tantos ângulos quanto puder.

1. Olhe no interior do corpo.
2. Olhe no interior da mente.
3. Olhe no espaço à sua volta.
4. Quando não encontrar o "eu", esteja consciente disso, relaxe e repouse nessa experiência.

3

RENUNCIANDO AO SOFRIMENTO

1º: RENUNCIE COMO UM CERVO FERIDO

> Desfazendo-se de riquezas como se cuspisse saliva, desejando a solidão e permanecendo em um lugar ermo, aqueles que abandonam as aflições e superam os obstáculos realizarão o despertar puro e incondicionado. Buddhas e bodhisattvas tão numerosos quanto grãos de areia no Ganga — quem quer que se prostre a eles por milhões de éons, e um dia renuncie à vida familiar com grande exaustão — essa pessoa é suprema.
>
> — Capítulo 5

SE SUAS roupas pegassem fogo e você sentisse as chamas chamuscando seus cabelos e queimando sua pele, você rapidamente procuraria água para apagar o fogo. O Buddha nos diz para abandonarmos a vida mundana com a mesma rapidez. Com renúncia no nosso coração, vamos para um lugar solitário como um cervo ferido se deitando em busca de cura. A dor da nossa vida impermanente é intensa, e a nossa necessidade de realizar um despertar puro e incondicionado também é grande.

Em solitude, temos menos distrações e mais espaço para cultivar a positividade. O Buddha explica claramente os benefícios de fazermos um retiro. As atividades do corpo são reduzidas. Há menos distrações da mente. Não há nenhuma das tensões que surgem a partir de discussões com os outros. Há menos forças prejudiciais. Há menos fatores que podem despertar emoções negativas. Ficamos mais calmos. A disciplina está naturalmente presente. Em solitude, desejamos realmente praticar o Dharma. Em solitude, nós nos libertamos.

> Abri a porta para a bem-aventurança:
> expliquei a natureza dos fenômenos tal como são
> e ensinei exatamente como o renascimento acontece
> bem como os benefícios do nirvana.
> Se consistentemente te livrares dos amigos não
> virtuosos e confiares em um mestre espiritual;
> evitares multidões e viveres em moradas na floresta;
> cultivando continuamente uma mente amorosa;
> sempre mantendo a disciplina pura; tendo alegria com
> o treinamento e sempre se esforçando;
> E, se praticares a generosidade e a sabedoria,
> não terás dificuldade em obter este samadhi.
>
> — Capítulo 4

No Veículo Fundamental das tradições budistas, o Buddha se refere principalmente às primeiras práticas dos monges que renunciam à vida mundana, se isolando fisicamente dela. Não há muita menção a chefes de família obtendo realização espiritual. É verdade que, do ponto de vista prático, a vida de um monge é benéfica para o treinamento. Um monge tem menos trabalhos externos e menos responsabilidades. Portanto, naturalmente tem menos apego e melhor chance de realizar a verdade. Se tivermos muitas coisas para fazer, não podemos nos concentrar exclusivamente no Dharma. O fato é que, só obtemos sucesso naquilo para o qual direcionamos a nossa atenção.

2º: RENUNCIE COMO UM REI DOS SONHOS

Enquanto o Veículo Fundamental enfatiza a renúncia física da vida mundana, no Grande Veículo, a renúncia tem a ver com o reconhecimento de que o samsara é como um sonho: esse tipo de renúncia está entrelaçado com a compreensão da verdade última da vacuidade. Quando adquirimos a compreensão experiencial de que, fundamentalmente, nunca morremos e nunca nascemos, e nunca encontraremos a verdadeira essência das coisas, mesmo que a busquemos por séculos, então não há nada mundano a que possamos nos apegar. Por meio do estudo, da reflexão e da meditação, acabaremos vivenciando isso diretamente.

Estamos enredados nos efeitos cármicos das nossas atividades porque não realizamos a visão suprema. Consequentemente, cada um de nós vivencia os resultados das nossas ações positivas e negativas. De acordo com o sentido de renúncia no Mahayana, renunciamos ao apego a nós mesmos e à substancialidade como um todo, a fim de obter a liberação que nos permite beneficiar os outros.

> Abrindo mão do meu próprio eu, realizarei o benefício dos seres.
>
> — Capítulo 30

Pessoalmente, sou um chefe de família, tenho esposa e filhos. No entanto, o Buddha nos disse para abandonar tudo, literalmente temer a vida do lar. Quando ouvimos esses ensinamentos, às vezes pensamos: "Vou tentar o meu melhor". Se seguirmos as escrituras estritamente, podemos ter a sensação de que, apesar de nos sentirmos atraídos pelos ensinamentos do Buddha, não estamos de fato praticando corretamente porque não somos monásticos. Podemos ter a sensação de que não podemos avançar no nosso caminho espiritual devido ao nosso estilo de vida. Surge uma tensão com a ideia de renunciar à família, o que nos deixa angustiados e frustrados. Isso parece estar errado, mas muitos dos ensinamentos do Buddha parecem certos. Dado que a essência dos ensinamentos budistas é o desapego, podemos nos perguntar como podemos reconciliar a prática como leigos, quando temos uma tremenda responsabilidade para com os nossos entes queridos. O importante aqui é entender que o desapego não tem nada a ver com refrear o amor pela nossa família ou abandonar nossa responsabilidade para com ela.

No nível do *Vinaya*, que são os ensinamentos do Buddha relativos à conduta dos monges, os objetos físicos e verbais e as expressões de apego são o que deve ser eliminado. Renúncia, neste contexto, refere-se à ideia de que, se gostamos de alguma coisa, devemos nos afastar dela. Portanto, no *Vinaya* não encontraremos um monge-rei ou um monge-empresário. Nos ensinamentos Mahayana, no entanto, a prática se concentra mais na conduta interior, ou motivação. O desapego ainda pode estar refletido nas roupas externas e no comportamento, mas com frequência vemos exemplos de leigos que são seres despertos, como os reis bodhisattvas, que ampliam nossa compreensão do desapego para muito além do abandono das posses mundanas. Embora no *Vinaya* os monges sejam proibidos de tocar em ouro, conta-se que o próprio Nagarjuna transformou ferro em ouro para sustentar seus monastérios. Existem muitas histórias desse tipo demonstrando que, no nível do bodhisattva, o desapego tem a ver com a mente.

Durante a época do Buddha, o rei Indrabhuti confessou que não poderia abandonar a vida mundana. Indrabhuti tinha um reino enorme e muitos súditos, e todos dependiam dele e da sua habilidade como governante. O Buddha disse ao rei que, na verdade, era possível ser um governante e ainda assim desenvolver renúncia, e lhe ensinou o significado essencial da renúncia. Indrabhuti adotou esse significado essencial e o integrou à sua vida sem abandonar suas responsabilidades para com as pessoas que dependiam dele.

Em geral, renúncia está associada a "abandonar", mas, neste contexto, também pode significar "ser livre". "Abandonamos" tudo, mas não precisamos literalmente distribuir todos os nossos bens materiais. Se jogarmos fora nossa casa, roupas e nossa máquina de café, possivelmente criaremos condições positivas para a prática, mas essa não é uma opção prática para a maioria das pessoas. Em vez disso, o que devemos levar a sério é que, quando ouvimos a palavra *renúncia*, devemos pensar em *liberdade*.

O imperador tibetano, rei Trisong Detsen, teve três filhos, e cada um governou o reino enquanto recebia ensinamentos de Padmasambhava, a quem se atribui o fato de ter trazido para o Tibete muitos dos ensinamentos budistas originais. Apesar de viverem cercados de luxo, riquezas e poder, eles praticavam o desapego porque suas mentes estavam voltadas para o despertar, para a "liberdade". Trabalhavam em prol do despertar, não para si mesmos, mas para todos os seres. Portanto, sempre estaremos praticando o significado essencial da renúncia enquanto mantivermos no nosso coração o pensamento: "Desejo alcançar o despertar para o benefício de todos os seres".

Conforme avançamos no nosso entendimento, o desapego pode se tornar complicado, porque o pensamento de que "eu realmente quero me livrar do samsara" é, em última instância, um obscurecimento. Se realmente quisermos nos afastar de algo, isso mostra que temos aversão por alguma *coisa*. Mostra que ainda acreditamos na substancialidade. Mostra que não vemos que, na verdade, não há nada do que escapar. No momento em que reconhecemos que, basicamente, não há nada a abandonar, encontramos a genuína liberdade e o desapego. Por meio do treinamento em samadhi, daremos origem a esse reconhecimento.

3º: AVALIE A SUA RENÚNCIA UTILIZANDO AS OITO PREOCUPAÇÕES MUNDANAS

> Intocados pelas oito preocupações mundanas,
> seus corpos são puros e suas ações, imaculadas.
> Eles têm poucos desejos, contentamento inabalável,
> e nenhum apego.
> Eles possuem as qualidades dos buddhas.
>
> — Capítulo 17

Esta passagem se refere às qualidades dos *bodhisattvas mahasattvas*, grandes praticantes que avançaram no caminho do despertar. O sucesso na prática do samadhi está intimamente ligado à nossa conduta. A conduta adequada aprimora nossa capacidade de desenvolver o insight meditativo. Conduta significa a maneira como lidamos com as oito preocupações mundanas. As oito preocupações mundanas são o desejo de fama, elogio, felicidade e ganho material e, inversamente, o desejo de evitar a insignificância, a crítica, o sofrimento e as perdas. Se examinarmos as oito preocupações mundanas, veremos que, em um nível fundamental, todas elas se resumem à aversão, ao apego e à ignorância. Qualquer coisa mundana tem a ver com esses três sentimentos.

Os grandes mestres do passado disseram que as oito preocupações mundanas nos mostram o nosso progresso no caminho do abandono do desejo. O mundo comum não considera o desejo necessariamente como uma coisa negativa, mas o mundo espiritual, o mundo dos meditadores, reconhece que o desejo sempre acaba trazendo dor.

Podemos verificar o progresso da nossa prática em vários níveis: o da visão, o nível da motivação, o nível da meditação, o nível da conduta e o da fruição. Quando os grandes praticantes de samadhi avaliam sua renúncia, a pergunta que fazem é: "Quanto apego ao ego está presente na minha vida diária?" Se o apego ao ego for tão forte quanto da última vez que verificaram, então eles podem dizer que sua prática não melhorou, ou algum aspecto da prática não foi abordado. No nível da motivação, esses praticantes olham para dentro de si para ver o que está dirigindo a sua prática. No nível da meditação, os praticantes de samadhi verificam quanta distração e torpor estão presentes durante uma sessão e avaliam sua capacidade de aplicar os antídotos para superar essas dificuldades. No nível da conduta, verificam a força da atenção plena que os protege contra as oito preocupações mundanas. Quando se trata do nível da fruição ou resultado, verificam se têm esperança de alcançar a realização ou medo de perdê-la. Se a esperança ou o medo estão presentes, então eles claramente não alcançaram a fruição. Agora, se são capazes de prosseguir em direção ao resultado, mas permanecem desapegados a essa aspiração, então essa é a abordagem genuína para a fruição. Essa é a pergunta que devemos nos fazer: "Estou mantendo o estado livre de apego ao resultado?".

Vou ser honesto — se você realmente tem a forte determinação de não se apegar às oito preocupações mundanas, então você é um bom praticante. Por outro lado, se não tem o desejo nem a intenção de abandonar as oito preocupações mundanas, mas ainda deseja praticar o samadhi, você é um mau praticante. Os antigos mestres Kadampa tibetanos eram praticantes acima da média de excelência, com um treinamento mental incrivelmente poderoso (*lojong*). Eles trabalhavam suas mentes até se tornarem completamente flexíveis, até que pudessem jogar fora o desejo de obter ganhos como se fosse cuspe. A base para esse treinamento teve origem na Índia, derivado das escrituras Mahayana, como as instruções neste *Sutra Rei da Meditação*.

Sinceramente, não podemos praticar o caminho sem nos desligarmos do desejo por fama e respeito. Não podemos praticar o caminho corretamente se ansiamos por elogios e ganhos. Nosso samadhi simplesmente não se aperfeiçoará se permanecermos apegados a esses desejos.

Esse tema não se aplica apenas aos praticantes do Dharma. Todos lutam com as oito preocupações mundanas — é por isso que são chamadas de "mundanas". A maioria das pessoas deseja respeito, elogio ou dinheiro para melhorar sua vida. Quando têm dinheiro, querem mais fama e reputação. Se, à medida que começamos a nos envolver na prática espiritual, não observarmos com atenção a ferocidade dessas motivações subjacentes, então a espiritualidade se tornará a ferramenta pela qual alimentaremos a aversão e o apego.

Aversão e apego não são tão difíceis de ver. Alguém diz: "Uau, você é muito bonito". Imediatamente, você gosta disso. É claro que pode tentar não gostar, mas de fato gosta de ouvir isso. Da mesma forma, se alguém disser que você é feio, você imediatamente fica chateado. Se você for um praticante, seu treinamento pode impedir o surgimento de uma raiva intensa, mas você ainda pode ter dificuldade em controlar suas emoções por um período curto. Esses momentos podem ser oportunidades para vermos como a nossa prática está indo. Da próxima vez que alguém o insultar, elogiar ou ignorar, olhe diretamente para sua reação e observe suas emoções.

> Sem buscar ganhos e sem temer as perdas;
> sem desejar o prazer, nem se opor ao desprazer;
> sem gostar de elogios, nem desgostar de críticas;
> sem cobiçar a felicidade e sem evitar o sofrimento.
>
> — Capítulo 1

Nosso apego às oito preocupações mundanas se torna mais sutil e disfarçado à medida que avançamos no caminho. Como agora sou um professor, muitas pessoas se prostam diante de mim, então, para mim, parece que de alguma forma sou especial. Além disso, as pessoas costumam me elogiar e dizer que sou uma ótima pessoa. À medida que avançamos no caminho, as pessoas reconhecerão as qualidades que advêm do Dharma e vão compará-las a você como pessoa. Esse se torna um forte motivo de apego entre os praticantes avançados. Contudo, se analisarmos os diversos tratados budistas antigos, veremos que seus autores costumam ser autodepreciativos. Esses mestres dizem: "Não sou um grande escritor, escrevi isso apenas para me beneficiar, mas se for de benefício para mais alguém, ficarei muito feliz". Eles nunca elogiam suas próprias qualidades ou mesmo insinuam a eloquência do texto que escreveram, o que demonstra que estão mantendo a essência da prática.

Os mestres tibetanos permanecem tão atentos à ameaça das oito preocupações mundanas que, às vezes, quando dois lamas realizados entram juntos em um santuário, eles discutem um com o outro, um tentando persuadir o outro a ocupar o assento superior de meditação.

> Quem não tem apego excessivo
> a essa vida e a membros ocos
> venceu a hoste de maras
> e alcançará o despertar ao pé da árvore Bodhi.
> O corpo é vazio e destituído de eu,
> e a vida é um sonho, tremulante como uma gota de
> orvalho da manhã.
>
> — Capítulo 22

Estive recentemente em uma sala de cinema e todos ao meu redor estavam chorando. Uma mulher algumas fileiras adiante estava fungando, e o homem ao lado dela tinha lágrimas nos olhos. Fiquei observando — por duas horas, eles estavam completamente presos ao filme. Estavam totalmente apegados ao que estava acontecendo bidimensionalmente na frente deles. Quando assistimos a um filme, bebemos as emoções dos personagens. Embora estejamos vendo uma tela e reconhecendo que as pessoas na história são atores, ainda assim choramos! Nossa resposta emocional é bastante independente do nosso raciocínio.

Em última análise, as emoções são uma exibição de ignorância. Você pode perguntar: "Sério? Qualquer emoção?" Ao que eu responderia: "Em certo sentido, sim". Não importa se é uma emoção positiva ou negativa, ela é um movimento cego da mente — é uma reação. Eu tenho muitas emoções. Sei que essas emoções estão acontecendo, mas continuo tendo, porque o continuum do pensamento não tem fim. Se não trabalharmos com a nossa mente, as forças dos nossos hábitos serão restauradas o tempo todo e seus sulcos se aprofundarão. Se reduzirmos os nossos pensamentos, será difícil para os hábitos se solidificarem. Por exemplo, o que está alimentando o seu desejo sexual? Você sentiria a verdadeira sensação de luxúria se não fosse por um pensamento de desejo? Pensamentos ordinários e sutis determinam as emoções. O não apego ao pensamento reduz a reatividade emocional.

Renúncia, meditação e compaixão são necessárias se quisermos reduzir a potência dos pensamentos. Um praticante genuíno integra esses três componentes de modo hábil e incessante. Mas, para fazer isso, devemos entender o que são. Se estivermos completamente presos à *ideia* da renúncia e, enquanto isso, maltratarmos nosso parceiro, dizendo: "É por sua causa que estou preso ao samsara!", então não entendemos nada. Estamos aqui por causa do nosso apego. Maltratamos nosso parceiro por causa do apego.

Às vezes, sinto como se muitos de nós não soubessem como equilibrar esses ensinamentos. Um dia vou morrer e não posso levar minha família comigo. Não posso, como pensavam os imperadores chineses ou os faraós egípcios do passado, levar minha esposa e minhas posses para a vida depois da morte. Quando penso na morte, a renúncia acontece naturalmente. Não gosto de pensar no fato de que *naturalmente* vou me separar de tudo o que acumulei neste mundo, mas o que fazer? Se é assim que as coisas realmente são, temos que pensar sobre isso.

Quando você tenta mudar muito os ensinamentos do Buddha para se adequar à sua visão de mundo atual, seus hábitos não mudam. Às vezes, os ensinamentos do Buddha não são tão agradáveis de ouvir, mas esse é o ponto! Os ensinamentos do Buddha podem ser desagradáveis se seu modo de vida atual e conjunto de valores refletirem uma compreensão equivocada daquilo que traz felicidade. Quando vou ao médico e ele me fala que preciso ter uma alimentação mais saudável, eu não gosto! Tento *reinterpretar* o que ele diz. Minha reinterpretação não prejudica o médico; me prejudica. Pela mesma razão, não devemos reinterpretar os ensinamentos do Dharma com muita liberalidade. O objetivo da prática não é apenas alcançar a felicidade nesta vida, mas também desenvolver coragem diante da morte.

Não sabemos o que vai acontecer quando morrermos. Embora possamos contemplar a possibilidade ou a validade da reencarnação, a menos que sejamos muito realizados, não podemos saber com certeza se teremos um renascimento futuro ou não. O problema de pensar que tudo termina com a morte é que tendemos a nos permitir comportamentos e padrões nocivos. Se prestarem atenção a outros budistas, vocês verão que os praticantes que têm uma convicção mais forte no renascimento geralmente são mais cuidadosos e hábeis do que os que não têm. São mais cautelosos com suas ações físicas e verbais, pois aceitam o fato de que as consequências de cada ação vão ressurgir. Ironicamente, como resultado dessa importância que dão ao karma, eles são realmente mais livres. Não acreditamos em "punição" no budismo, mas reconhecemos que toda ação tem uma consequência e que tudo o que vivenciamos agora é o resultado de ações anteriores. Essa é a lei do resultado cármico.

Quando começamos a interpretar os ensinamentos do Dharma de maneiras abstratas, inevitavelmente diminuímos a potência da lei de causa e efeito. Cada prática oferecida pelo Buddha está repleta de significado, e devemos chegar à essência desse significado, mesmo que não seja o que queremos ouvir. Nos sutras, encontramos histórias de monges que vão para a rua pedir esmolas. Quando ouvem isso, as pessoas pensam que o budismo defende a pobreza ou que os monges recebem sua comida devido à graça divina e se rendem à vontade de Deus. Esse entendimento é uma sobreposição de ideias. Os monges estão, na verdade, convidando as pessoas a compartilharem do mérito do Dharma, convidando a comunidade a praticar a generosidade e a se conectar com suas atividades virtuosas. Só conseguimos entender esse tipo de detalhe quando fazemos o esforço de estudar. Portanto, não vamos apenas confiar nas nossas ideias de como as coisas são, mas realmente chegar ao significado das coisas.

Um monge ou uma monja não deve ser crítico ao aceitar esmolas. Não podem dizer: "Gosto disso e não gosto daquilo. Não vou aceitar essa comida que você está me dando porque não foi bem cozida". O Buddha explicou os benefícios de aceitar esmolas sem discriminação. Reduzimos nosso desejo e nosso julgamento. Temos a disciplina correta. Não nos envolvemos em debates desnecessários. Não nos elogiamos nem criticamos os outros. Nosso apego diminui. Avaliamos a nossa raiva. Reduzimos as nossas preocupações materiais. Assim como o significado da prática de receber esmolas não é imediatamente aparente, o benefício da renúncia em todos os níveis apenas será totalmente elucidado com o tempo.

Cultivando a renúncia

Reflita bem devagar e com toda sinceridade sobre as cinco perguntas que vêm a seguir. Dedique pelo menos um ou dois minutos para cada pergunta, examinando o que surge à medida que reflete sobre cada questão.

- Quão forte é a minha prática de renúncia? Em outras palavras, o quanto eu me apego a uma noção de um eu?
- Qual é a minha motivação para a maioria das coisas? Será que sou egoísta?
- Fico devaneando durante a meditação formal?
- Até que ponto estou consciente das minhas ações?
- Até que ponto estou apegado ao resultado da minha prática?

Além de contemplar essas questões, ao longo do dia, examine quais das oito preocupações mundanas são mais fortes para você. As oito preocupações mundanas são:

1. Buscar ganhos
2. Temer perdas
3. Desejar prazer
4. Opor-se ao desaprazer
5. Apreciar elogios
6. Não gostar de críticas
7. Desejar felicidade
8. Evitar sofrimento

Reconheça em qual ou quais dessas você é suscetível, aplique a atenção plena e proteja-se contra as oito preocupações mundanas.

Lembre-se de que o ensinamento do Buddha sobre a renúncia é uma forma de autocompaixão. Renunciar é o nosso modo de nos tornarmos livres.

4

BONDADE AMOROSA, COMPAIXÃO, ALEGRIA, EQUANIMIDADE

1º: BONDADE AMOROSA

> Os sábios permanecerão em bondade amorosa.
> Permanecem imersos em pura compaixão, sempre cuidando igualmente dos prazeres e da totalidade da existência.
> Cultivando o samadhi, atingirão o despertar.
>
> — Capítulo 9

TODOS NÓS possuímos a semente da bondade, a semente do cuidado. Mesmo os mais angustiados têm essa semente. Quando comecei a praticar bondade amorosa e compaixão, minha semente era pequena, mas quando a reguei, ela começou a crescer. Além do mais, embora estivesse lá, o broto não estava se transformando em árvore, mesmo com muito treinamento. Isso acontecia porque eu não conseguia ver todos como iguais. Minha compaixão, meu cuidado e amor não se espalhavam para todos da mesma maneira.

Pode ser desafiador quando começamos a desenvolver os quatro incomensuráveis: bondade amorosa, compaixão, alegria e equanimidade. À medida que cultivamos esses estados mentais, vemos onde estamos emperrados. No entanto, quando desenvolvemos essas qualidades e as adotamos por meio da visão profunda da vacuidade, entramos no Grande Veículo. Esses estados mentais, que caracterizam a bodhichitta da aspiração, nos levam à virtude e se tornam uma fonte de alegria para todos com quem estamos conectados.

> Vós que cultivastes profundamente a bondade amorosa
> Sois o guia espiritual de todos os seres.
> Inabalável como o Monte Meru,
> permaneceis totalmente imperturbado.
>
> — Capítulo 14

Quando o Buddha se sentou sob a árvore Bodhi, e as hordas de demônios, conhecidos como *maras*, insurgiram à sua volta, arremessando lanças e flechas, seu samadhi transformou as armas em uma chuva de flores. A bondade amorosa tem o poder de transformar inimigos em mestres e agressões em ornamentos. Ela é a base da qual os outros três incomensuráveis extraem o seu poder. Quando treinamos em bondade amorosa, expandimo-nos externamente para a experiência daqueles que estão à nossa volta. Nosso fechamento diminui, nossa compaixão aumenta. Sentimos mais profundamente as alegrias e sofrimentos dos outros e somos movidos a ajudá-los. Ficamos felizes com o sucesso dos nossos amigos. Nossa equanimidade se enraíza em uma intenção indestrutivelmente pura, na qual a distância e a proximidade da relação não são mais relevantes. É por isso que o Buddha disse que podemos nos tornar inabaláveis como o Monte Meru. Afetuosos e inabaláveis.

> Aqueles que permanecem imersos em bondade amorosa e não têm raiva, não terão dificuldade em obter esse samadhi.
>
> — Capítulo 2

Em primeiro lugar, tentamos gerar uma sensação de afeto por alguém próximo ao nosso coração. Começamos com o nosso filho ou a nossa mãe, ou mesmo nosso animal de estimação. Ao dirigir a nossa mente para esse ser querido, o amor surge naturalmente. Quer consigamos ver isso agora ou não, nossa própria natureza está repleta desse amor supremo. Como a nossa natureza é dotada de amor, não precisamos ter medo de que nos falte a capacidade de sentir amor. Podemos começar a gerar um coração afetuoso, lembrando de reduzir nossas motivações egoístas.

Tentar cultivar o amor sem abrir mão das nossas motivações ocultas, é como construir um castelo de cartas. O apego e a expectativa nos desmantelam. Essas expressões de motivação egocêntrica removem silenciosamente as cartas da base de sustentação, causando o colapso de toda a casa da prática. Temos que acabar com qualquer tipo de expectativa de recompensa pelo amor que cultivamos. O próprio amor deve se tornar a fonte da nossa alegria. Se você praticar com uma pessoa querida em primeiro lugar, sem motivos ocultos ou expectativas para si mesmo, pouco a pouco poderá construir uma base sólida.

Para praticar a bondade amorosa dessa maneira, lembre-se do rosto de uma pessoa amada. Ao trazer à tona uma sensação de cuidado e carinho por essa pessoa, pense com sinceridade: "Não quero ter nenhum ganho pessoal com essa prática. Não quero nenhum respeito por parte dessa pessoa, nem que ela desenvolva uma opinião positiva sobre mim. Não quero nada dessa pessoa. Não quero nada dela, nem um único grão. Tudo é impermanente — de qualquer maneira, seja o que for que eu ganhar não vai resolver os meus problemas". Pense assim e volte sua mente para essa pessoa, desejando que ela se livre de todo sofrimento. Faça a aspiração de que ela sinta felicidade e ternura inabaláveis no coração.

À medida que este cultivo se torna mais forte e nosso amor mais pronunciado, começamos a expressá-lo com mais fluidez para os outros. Tornamo-nos mais profundamente sintonizados e amorosos com nossos amigos e familiares, e nosso amor também flui para as pessoas que acabamos de conhecer. Lentamente, esse amor atinge muitos seres e, a seguir, todos os seres. A expansividade da mente que conserva esse amor vivo é inconcebível. Como o Buddha disse, esse tipo de amor facilita muito a obtenção do samadhi supremo. Ele nos faz abandonar nossas obsessões e nos conduz para a visão supremamente bem-aventurada.

2º: Compaixão

> Percebes como os seres se deleitam em suas projeções
> e reconheces o sofrimento que vivenciam.
> Por isso, ensinas a eles vacuidade,
> profundidade, paz e não conceitualização.
>
> — Capítulo 14

O Buddha diz que ficamos naturalmente tristes quando vemos como os seres sencientes se deliciam com as projeções ilusórias. Vemos como o sofrimento surge quando a família, amigos e outras pessoas incorrem em pensamentos e expectativas que são totalmente ilusórias. Cada uma das pessoas está presa em uma teia de suas próprias projeções e, por essa razão, todas sofrem.

Podemos pensar: "Como posso ter compaixão por todos os seres?" Ou: "Há seres que vejo que parecem não sofrer. Como posso ter compaixão por eles?" Pode parecer impossível, mas podemos aprender a nos relacionar com o sofrimento de todos. Começamos por reconhecer a grande ilusão das projeções da mente.

Falando honestamente, no nível relativo somos todos diferentes. Financeiramente, fisicamente, no nível mental, no nível emocional, em quase todos os níveis, podemos ver nítidas diferenças entre as pessoas. Se nosso foco for nas diferenças, a compaixão não florescerá plenamente. Você pode pensar: "Essa pessoa parece muito mais feliz do que eu, então por que devo praticar compaixão por ela?" Mas, se praticarmos desse modo, baseamos a nossa prática em projeção.

A projeção não é uma base confiável para gerar uma atitude de cuidado para com outra pessoa, pois está inevitavelmente ligada ao julgamento. "Nossa educação é tão diferente — como posso me relacionar com você e sua visão de mundo? Como posso me relacionar com sua perspectiva quando somos tão diferentes?" Em primeiro lugar, relacionamo-nos com nosso próprio ego e nossas próprias atitudes autocentradas, e passamos a entender como essas atitudes causam nosso sofrimento pessoal. Quando compreendemos intimamente os padrões do nosso próprio ego, torna-se mais fácil ter empatia em relação à maneira como os pensamentos críticos das pessoas as fazem sofrer.

Certa vez, suspeitei que se treinasse em compaixão eu perderia alguma coisa, algum tipo de confiança ou machismo. Acreditava que alguém que possui grande compaixão tem dificuldade em dizer "não". Minha preocupação era de não conseguir manter minha força, que minha prática de compaixão me motivaria a dizer "sim" em momentos comprometedores e eu perderia a dignidade.

Esse ponto de vista surge nos primeiros estágios da prática da compaixão, porque ainda somos egocêntricos. Estamos tão condicionados a conquistar e proteger nossas circunstâncias que, quando tentamos praticar a compaixão pelos outros, somos realmente motivados pelo nosso próprio interesse. Sabemos que gerar compaixão é uma coisa boa e que nos faz sentir bem, que é correto. Por isso a cultivamos para fazer o que é certo. Isso é conhecido como *compaixão com uma motivação oculta.*

Quando temos compaixão ou bondade com esse tipo de atitude, descobrimos que, quando as pessoas não respondem à nossa compaixão da maneira que esperamos, ficamos com raiva. Recentemente, eu estava caminhando pela cidade de Nova York e me deparei com um sem-teto deitado em uma pilha de cobertores sujos sob um beiral de concreto perto de uma mercearia. Ao vê-lo, me senti motivado a entrar na loja para procurar alguma coisa que pudesse dar a ele. Havia três panelas de metal de sopa, e verifiquei qual era a mais quente e cheirava melhor. Pus uma concha bem grande em uma tigela, paguei e saí para a rua. Muito gentilmente, inclinei-me e ofereci a ele. Ele olhou para mim e disse: "Não quero". Eu disse: "Acabei de comprar para você, a sopa é fresca". Ele disse: "Não quero!" No passado, eu poderia ter ficado chateado com a reação dele; afinal, tinha comprado uma tigela de sopa com preço de Nova York para o homem. Mas desta vez fui capaz de dizer "tudo bem", andar dois quarteirões e oferecer a outro sem-teto. Se eu tivesse ficado com raiva do primeiro homem, isso teria revelado que minha prática de compaixão ainda estava muito ligada a favorecer uma motivação oculta.

Podemos verificar se existe uma motivação oculta no mais simples dos atos compassivos. Por exemplo, muitas vezes tentamos ser afetuosos e amigáveis e oferecemos um sorriso a alguém que então franze a testa em resposta. Se ficarmos chateados, conseguimos ver a extensão da nossa motivação oculta e, então, podemos trabalhar com essa condição.

Não estou dizendo que você deva se julgar cruelmente à medida que cultiva a compaixão. Estou dizendo que precisamos perceber que tipo de comportamento temos. Não precisamos de autojulgamento, mas precisamos de autoconsciência. Na verdade, precisamos desenvolver um padrão de não julgamento. No passado, descobri que podia ser bastante egocêntrico — julgando a mim mesmo dessa e daquela maneira. Treinei para ver os meandros dessa atitude e comecei a ver que todas as pessoas têm essas tendências também. A maneira como fico obcecado comigo mesmo é exatamente como as pessoas ficam obcecadas consigo mesmas. Essas tendências não são novas; são exatamente as que Buddha ensinou. Reconhecer as complexidades do egocentrismo é o primeiro passo para a verdadeira compaixão.

Normalmente não desejamos nos livrar desse padrão de obsessão por nós mesmos. Alguns grandes mestres disseram que, se realmente entendermos o que é compaixão, se conhecermos as complexidades, as dificuldades e a simplicidade da prática, então não há mais nada a desenvolver.

Não nos deixemos ficar presos aos sentimentos afetuosos que surgem quando começamos a praticar a compaixão. Às vezes, confortamos alguém em um momento de dificuldade e dizemos: "está tudo bem" ou "está tudo certo". Damos uma olhada superficial na nossa motivação e chegamos à conclusão de que não temos apego. Ficamos muito satisfeitos.

Mas digamos que alguém venha até você, alguém de quem você não necessariamente gosta, e peça sua ajuda. Talvez você seja capaz de gerar uma sensação de cordialidade por essa pessoa, mas hesita em colocar a compaixão em ação. Você pode sentir preguiça ou encontrar outra coisa para fazer, mesmo com uma leve sensação de boa vontade no coração. Isso, meu querido, é *trapaça*! Você está mantendo a compaixão mental, mas não está indo ao cerne da questão, ao motivo principal. Quando percebemos que isso está acontecendo, precisamos nos perguntar: "O que não estou percebendo? O que preciso fazer para realmente aprimorar minha compaixão?"

Comecei a me perguntar: "Qual é a chave para a compaixão?" Por meio de uma familiarização cada vez maior, descobri que a única vez em que posso ter compaixão pura é quando estou livre do ego. É a isso que o Buddha se refere no *Sutra Rei da Meditação*, quando diz: "Por isso, ensinas a eles vacuidade, profundidade, paz e não conceitualização".

A profunda igualdade de todos os seres é conhecida somente no momento em que o "eu" não mais existe. Somente com o reconhecimento da vacuidade é que existe a compaixão imaculada. Essa compaixão imaculada, inseparável da vacuidade, não é outra coisa senão o samadhi supremo.

> Jovem Luar, qual é a clara demonstração do samadhi? Não conceitual; sem intenção; sem nascimento; incessante; sem ponto de referência; sem engajamento mental; a

> completa extinção da percepção; o terreno que é livre de emoções aflitivas; o terreno pacífico que elimina todas as elaborações; o treinamento de todos os bodhisattvas; o domínio de todos os tathagatas; a perfeição de todas as qualidades: isso é chamado de demonstração clara do samadhi, Jovem. Os bodhisattvas mahasattvas que agem de acordo com essa clara demonstração de samadhi nunca se separam do samadhi. Suas mentes não estão confusas. Eles têm grande compaixão e beneficiam os seres de maneiras incomensuráveis.
>
> — Capítulo 13

O importante aqui é que a compaixão mais elevada é, na verdade, totalmente não conceitual, indivisível do mais elevado insight. Assim que penso: "Coloque a compaixão em ação", o momento puro de compaixão desaparece, porque o pensamento tomou conta. É por isso que a compaixão pura surge da meditação genuína, na qual os pensamentos sobre "eu e você" não podem se pôr no caminho. Vamos aprender a desenvolver essa meditação sem ego mais tarde no texto.

A questão agora é: como você pode trazer essa compaixão, essa meditação da vacuidade, para a sua vida diária? Devagar, bem devagar. A melhor maneira de fazer isso é alternar entre gerar compaixão e aumentar seu entendimento da vacuidade. Em primeiro lugar, praticando consistentemente a compaixão conceitual por aqueles que estão à sua volta e, por fim, combinando essa aspiração compassiva com a prática da meditação que é livre de "eu e outro", chegará o dia em que surgirá um momento de compaixão pura e sem ego. Esse será o dia mais feliz da sua vida.

Praticar a verdadeira compaixão com a liberação do ego é como lidar com uma balança com os pesos empilhados em um lado. Um por um, você remove cada peso de avidez, motivação oculta e apego. Por exemplo, "esta pessoa me maltratou" — abra mão, remova esse peso. "Vou ter compaixão por essa pessoa, mas não por aquela" — solte, remova esse peso. "Esta pessoa não respondeu bem à minha compaixão e oferta de ajuda" — retire esse peso e desprenda-se.

A compaixão é o espelho. Ela indica se você percebeu sua natureza ou não. É um sinal. Se a sua compaixão é egocêntrica, se ela revela uma motivação oculta egocêntrica, então atualmente você está egocêntrico. Se você sente o aconchego da compaixão, mas está impregnado de um sentimento de superioridade, significa que você está orgulhoso. Se a sua compaixão exige algum tipo de resposta de alguém, isso significa que você tem apego.

Também existe a compaixão fraca. Não estou me referindo à força do sentimento, mas a uma ausência de dignidade. Aqui, dignidade significa saber que a sua própria natureza é compassiva. Talvez você veja um cachorro ferido e diga: "Coitado desse cachorro, não posso fazer nada por você. Como odeio as pessoas que maltrataram esse cachorro. Vou denunciá-las ao serviço de animais". Em sua indignação, você se sente justificado, validado e justo. Quando estamos envolvidos com a compaixão verdadeiramente digna, os sentimentos de justificação, validação e retidão não estão presentes. Ações impregnadas com esses sentimentos parecem ser fortes, mas na verdade constituem uma compaixão mais fraca porque são motivadas por fortes sentimentos de apego a uma determinada ética, o que naturalmente convida à aversão e repulsa por aqueles que não defendem essa ética. A compaixão digna vem do reconhecimento da bondade intrínseca de cada ser. Alguém que tem essa compaixão não se deixa vencer pela dualidade de demonizar alguns e glorificar outros, mas age com confiança, consciência e amor.

Aqui está outro exemplo envolvendo um animal maltratado. Uma vez, assisti a um programa na televisão sobre um homem em Los Angeles que adotou um cão abandonado. Ele disse que se conectou com o sofrimento do cão porque ele próprio foi abandonado aos treze anos de idade. Sua resposta emocional ao cão foi baseada em sua própria história. Ele gerou compaixão porque tinha empatia com o sofrimento de ser negligenciado. É bom que ele tenha sido capaz de gerar compaixão pelo cão, mas imagine se ele desenvolvesse esse sentimento de cuidado mais plenamente. Ao compreender que todos experienciam sofrimento, sua compaixão fluiria para além dessa empatia situacional para incluir todos os seres. Imagine se sua compaixão emergisse de modo completamente incondicional e desimpedido, livre do apego à própria experiência.

Lemos nos textos que compaixão significa desejar que todos os seres sejam livres do sofrimento e da causa do sofrimento. Às vezes, geramos esse sentimento ou fazemos essa aspiração e depois deixamos por isso mesmo. Mas se você compreender que não existe um eu inerente, sua compaixão refletirá essa realização, e sua expressão se tornará completamente imaculada por qualquer apego a si mesmo e ao outro, completamente livre de qualquer pensamento de quem merece ou não a compaixão.

Quando nos tornamos essa compaixão, sem nenhum esforço ensinamos essa compaixão. Até mesmo nossos corpos se tornam uma expressão de sua imparcialidade. Um ser desperto que é uma expressão de compaixão não se encaixa dentro das paredes de qualquer projeção. Eles naturalmente ensinam profundidade, paz e não conceitualização.

3°: ALEGRIA

Todos esses seres são meus parentes.
Eu me regozijo em qualquer mérito que tenham,
três vezes durante o dia e três à noite,
dedicando-me com afinco ao despertar.
Eu me regozijo na mais pura disciplina
daqueles que não cometem erros,
mesmo ao custo de suas próprias vidas.
Eu me regozijo em qualquer mérito
presente nas aspirações excelentes dos bodhisattvas.
Eu me regozijo por aqueles que têm fé no Buddha,
e também no Dharma e na Sangha.

Eu me regozijo com aqueles que fazem oferendas aos tathagatas.
Movidos pelo desejo intenso de alcançar o despertar.

— Capítulo 26

É muito poderoso regozijar-se intencionalmente com a bondade dos outros. Quando nos alegramos com as ações daqueles que trabalham para o despertar supremo, nós mesmos avançamos rapidamente ao longo do caminho. O Buddha disse que, para praticar o regozijo, devemos ver todos os seres sencientes como nossos entes queridos. É tão simples e intuitivo.

Se sou uma pessoa pessimista quando trabalho com meus alunos sobre um problema, posso ficar cansado e abatido se reclamar do problema, em vez de encontrar maneiras de resolvê-lo. Se estiver focado no negativo, você começa a respirar pesadamente, percebe dores nos ombros ou nas costas e ainda tem todo o seu trabalho a fazer. Isso pode criar muita confusão.

Quando treinamos em ter alegria e ser capazes de trazer o reconhecimento da vacuidade para a nossa experiência, começamos a eliminar a sucção da negatividade. Então, por favor, treine ver qualidades positivas na sua vida. Se estiver nevando, não deixe que o foco da sua atenção sejam as ruas sujas e sua mobilidade limitada. Observe a brisa revigorante. Contemple de onde ela vem, todas as pessoas que irá tocar. Quando estiver chovendo, não foque no frio e na chuva. Observe como as folhas ficam vivas com as gotas de chuva e veja os galhos balançando. É assim que você pode mudar a sua mentalidade.

Se tiver um problema, você não precisa vociferar consigo mesmo para corrigi-lo. Fale consigo mesmo com um pequeno sorriso. Pergunte: "Qual é o meu problema hoje?" Um pequeno sorriso ajuda muito. Não fique muito focado em si mesmo. Isso diminui a felicidade. Esse é um dos nossos problemas fundamentais. Impede que tenhamos prazer com o sucesso dos outros e suga a nossa alegria.

Imagine que você vê duas pessoas rindo juntas no parque. É um agradável fim de tarde de verão e o tempo está perfeito. O pôr do sol ilumina a bela toalha vermelha do piquenique em que compartilham uma boa comida, os vaga-lumes estão começando a brilhar. Mas você está tendo um problema com seu cônjuge. Você vê um casal, talvez se beijando, fica com raiva e pensa consigo mesmo: "Por que eles têm que se beijar na frente de todos? Procurem um quarto!"

Por que temos que ficar com raiva quando vemos algo assim? É uma reação tão focada em nós mesmos. Por que não podemos nos alegrar por eles e pensar: "Me sinto muito feliz por vocês!" Essa seria uma maneira hábil de tirar vantagem dessa situação. No momento do regozijo, a felicidade deles se torna a nossa felicidade também. No entanto, não devemos pensar: "Gostaria que fosse eu". Isso também seria autocentrado. Regozije-se com a felicidade deles e ela naturalmente se tornará sua.

A raiz da virtude é uma mente livre dos três venenos da aversão, do apego e da ignorância. A raiz do mérito é a prática das seis perfeições (em sânscrito, são conhecidas como *paramitas*). Elas constituem o engajamento com a bodhichitta. As primeiras cinco — generosidade, disciplina, paciência, diligência e meditação — são a fonte de mérito. Quando são englobadas pela sexta paramita — a sabedoria transcendente (*prajnaparamita*) —, elas se tornam as verdadeiras paramitas, ou perfeições. Uma mente virtuosa que pratica as paramitas está repleta de alegria suprema; e essa é a mente de um bodhisattva.

Ter alegria e encontrar inspiração nas mentes dos bodhisattvas cria um impacto virtuoso na nossa vida e nas vidas daqueles à nossa volta. Regozijar-se com a bondade de todos reduz o ciúme e origina a fé na prática. Além disso, quando nos regozijamos com as pessoas que têm confiança nos ensinamentos, nossa própria relação com o Dharma e com os nobres, os bodhisattvas, é intensificada. Quando nos regozijamos com os nossos amigos do Dharma que estão realizando ações positivas, como fazer oferendas, também adquirimos o mérito das suas ações.

Dedicar seu mérito para o despertar de todos os seres é o ato final do regozijo. Quando pensamos: "Que toda essa ação leve ao benefício temporário e definitivo de todos", estamos na verdade nos regozijando com a felicidade de infinitos seres. Adotar essa mentalidade é criar a condição para o surgimento de qualidades em nós mesmos e nos outros.

4º: EQUANIMIDADE

> Jovem, considere o seguinte: se forem dotados com esse Dharma, os bodhisattvas mahasattvas alcançarão essas qualidades e, rápida e perfeitamente, realizarão o despertar insuperável, autêntico e completo. O que é este Dharma? Jovem, os bodhisattvas mahasattvas consideram todos os seres igualmente. Suas mentes são benevolentes, sem raiva ou parcialidade.
>
> — Capítulo 1

Equanimidade não é um estado congelado. Não é uma mente de pedra. A equanimidade é, em essência, uma mente amorosa. É a flexibilidade que surge com base na visão de que todos são iguais. Ela abrange as outras práticas dos incomensuráveis. Embora às vezes seja listada por último nos textos sobre os quatro incomensuráveis, a equanimidade em geral vem em primeiro lugar nas instruções orais porque é a base a partir da qual as outras três podem se expandir completamente.

A equanimidade pode ser dividida em três níveis diferentes. O primeiro nível de equanimidade é ver todos os seres sencientes com uma quantidade idêntica de amor. Os budistas entendem que temos muitas existências de conexão com todos os seres. Cultivamos esse entendimento a ponto de ele brotar na nossa experiência e, por fim, podemos caminhar no mundo com ele.

O segundo nível de equanimidade está relacionado à nossa natureza. Vemos que todos os seres compartilham a mesma essência — a essência do Buddha. Ou seja, lembramos que todos nós temos a natureza búdica. Ao mesmo tempo, vemos que os seres ignoram sua natureza búdica e, portanto, estão aprisionados ao samsara.

A equanimidade definitiva e genuína é ser livre de ambos os conceitos de igual e desigual. Essa liberdade traz a flexibilidade suprema. Quando isso acontece, não temos apego a ideias, não temos julgamento, não podemos nem mesmo nos apegar à "visão". Em outras palavras, não podemos ficar obcecados. Ainda assim, estamos lucidamente despertos. A essência da equanimidade é ser incapaz de se apegar a qualquer coisa. Na ausência de apego, há muito amor e compreensão. A partir desse lugar, nossa compaixão desabrocha por completo e se torna naturalmente tão vasta quanto o espaço.

Cultivando os quatro incomensuráveis

1. Dedique cinco a dez minutos cultivando os quatro incomensuráveis, repetindo em silêncio a seguinte aspiração:

   Que todos os seres tenham a felicidade e a causa da felicidade;
   Que sejam livres do sofrimento e da causa do sofrimento;
   Que nunca se separem da felicidade suprema que é sem sofrimento;
   Que possam permanecer em ilimitada equanimidade, sem apego e aversão aos que são próximos e distantes.

   Conecte-se com o significado dessas palavras. Irradie bondade amorosa e compaixão para todos os seres, sem excluir ninguém. Tome cuidado para não sobrecarregar e "comprimir" sua mente para tentar gerar amor.

2. Depois de cultivar os quatro incomensuráveis por algum tempo, adicione esta frase ao final da primeira aspiração:

   Onde quer que o espaço permeie, todos os seres sencientes são meus entes queridos. Eles têm sofrimento e a causa do sofrimento. Que se libertem do sofrimento e realizem a iluminação do completo despertar.

3. Ao longo do dia, regozije-se ativamente com o sucesso das outras pessoas. Repetidas vezes, regozije-se com a prática e as realizações dos buddhas e bodhisattvas.

4. Cultive o entendimento de que, ao longo de infinitas vidas de conexão, todos os seres foram nossas mães. Com um amor que se estende a todos igualmente, lembre-se de que todos nós temos natureza búdica. Muitas e muitas vezes, lembre-se de que todos têm natureza búdica. Quando essa lembrança se tornar forte, direta e autêntica, a equanimidade livre de conceitos desabrochará.

5

Pedindo ao Buddha para permanecer

O bodhisattva mahasattva Maitreya fez prostrações mentais ao Buddha e o circumambulou mentalmente três vezes. Então, deixando a assembleia, ele caminhou até a grande estupa no Pico do Abutre, o Rei das Montanhas, lugar sagrado de incontáveis buddhas, tão numerosos como os grãos de areia do oceano. Lá chegando, para a alegria do Vitorioso, ele abençoou o Pico do Abutre para que instantaneamente se tornasse um espaço plano e aberto, sem gravetos, espinhos, pedras, seixos ou pedregulhos, e toda a área circundante foi transformada nas sete substâncias preciosas.

— Capítulo 17

É POSSÍVEL QUE já tenhamos desenvolvido alguma compaixão, estejamos praticando a ação correta, tenhamos algum conhecimento e alguma experiência em meditação. Uma vez que isso tenha ocorrido, começamos a sair do mero treinamento técnico para o que podemos chamar de "aspecto espiritual" do método. A partir deste ponto, só avançaremos rapidamente se tivermos apoio espiritual, se não estivermos espiritualmente sozinhos e se tivermos confiança espiritual.

1º: Receba apoio espiritual

Recebemos apoio espiritual quando confiamos na realização daqueles que vieram antes de nós. Não podemos percorrer todo esse caminho sozinhos e, se tentarmos, falharemos. Por isso, começamos a voltar nossa mente para o Buddha e todos aqueles que herdaram seus ensinamentos, todos os grandes mestres do passado.

As ações de Maitreya, na citação do *Sutra Rei da Meditação*, não são apenas relatos de fatos ocorridos — sua atividade nos mostra como praticar. É devido ao poder do Buddha que Maitreya foi capaz de abençoar aquela região para a alegria do Buddha. Este é um ponto muito profundo. Por meio da prostração, da circum-ambulação e da súplica, ele foi capaz de se conectar com a sabedoria do Buddha e, assim, abençoar a região por meio dessa sabedoria.

A prostração é uma forma antiga de demonstrar respeito em muitas culturas e tradições, e a prática de circum-ambular as representações de corpo, fala e mente do Buddha remonta à época do próprio Buddha. Quando Maitreya prestou homenagem por meio da prostração e da circum-ambulação, o Buddha abençoou sua mente para que pudesse experienciar o mundo de forma pura. Maitreya viu o topo do Pico do Abutre adornado com joias cintilantes. O ar tinha um cheiro doce e delicioso, o solo era excepcionalmente plano e regular. Era como se um bilionário tivesse organizado aquela área para o casamento da filha. Nada foi deixado desadornado, mal-acabado ou imperfeito. Tudo era excepcional, extrapolando os limites do esplendor.

Tudo o que imaginamos vai gerar o nosso modo de sentir, e nossos sentimentos têm um impacto nas pessoas que nos cercam. Quando entro em uma sala cheia de pessoas que estão com raiva, posso sentir essa raiva — ela se expressa para mim de inúmeras maneiras sutis. Da mesma forma, a mente inconcebivelmente poderosa de um ser desperto tem o poder de gerar experiências que estejam em harmonia com o amor e a sabedoria, e chamamos isso de "bênçãos". Por meio do poder do samadhi de Buddha e do treinamento e receptividade de Maitreya, a região se tornou linda na experiência real de Maitreya.

2º: Dissipe a solidão espiritual

Você pode praticar da mesma maneira que Maitreya, visualizando todos os seres despertos amorosos à sua frente. Eles estão aqui com um único propósito: ajudar você. O céu não é grande o suficiente para conter tantos corpos radiantes. Cultive a certeza de que Buddha Shakyamuni com sua pele dourada e todos aqueles que foram para além do samsara estão com você, neste instante e até a iluminação. A presença dos iluminados diz: "Não se preocupe com as coisas pequenas". Pense que quaisquer obstáculos que possa ter são apenas mixaria para eles. Conectar-se com essa sensação de ser estimulado pela sabedoria de inúmeros meditadores vitoriosos é o que conhecemos como apoio espiritual.

Olhe para a sua prática quando você não treina dessa maneira, quando você não tem nenhum suporte espiritual, quando não tem seres despertos em quem possa buscar refúgio. Olhe para a sua experiência quando você não faz súplicas. Se meditar sem nada disso, você se sentirá muito sozinho. Sem apoio, é possível que você tenha uma suspeita oculta, porém convincente, de que não conseguirá atingir o fruto final do caminho. Você sabe que pode ter sucesso em alguma meditação e que ela pode beneficiá-lo um pouco, mas o objetivo da iluminação geralmente está muito além do que você acredita ser possível. Talvez você possa se tornar um pouco mais feliz — mas, iluminação? Essa não!

A solidão espiritual é mencionada nos ensinamentos do Veículo Fundamental, mas não muito extensivamente. O Mahayana a enfatiza ainda mais, e no Vajrayana ela se torna extremamente importante. Quando começamos a prática da meditação na presença de todos os buddhas amorosos de todos os gêneros, todos eles à nossa volta e realmente olhando para nós, a presença deles e seus olhares servem para nos lembrar: "Se você falhar agora, tudo bem. Faça mesmo assim."

Para revelar completamente a nossa sabedoria, esse tipo de amor total e de compaixão sem julgamentos precisa nos preencher por completo. "Se por acaso eu falhar, tudo bem!" Quando temos essa confiança, nunca nos sentimos sozinhos. Eu dei esta instrução para um grupo de pessoas que geralmente não pratica dessa maneira. Perguntei a eles: "Vocês se sentem solitários quando fazem meditação?" Na verdade, eles tomam refúgio no Buddha e cantam seu nome, mas nunca cantam com o pensamento de que todos os buddhas estão presentes — cada buddha, homem ou mulher, vermelho ou amarelo, grande ou pequeno, do passado, do presente e do futuro. Disse-lhes que se meditarem visualizando estar diante de inúmeros buddhas que cintilam como o sol e que direcionam suas mentes de sabedoria para eles, então não precisam realmente fazer mais nada. Apenas se sentar e deixar a meditação chegar.

Em alguns locais de peregrinação, a meditação ocorre automaticamente. Você não precisa colocar muito esforço na prática. Se você já foi a Bodhgaya, local onde Buddha atingiu a iluminação, provavelmente já vivenciou essa meditação sem esforço. As condições são tão propícias à prática que a pessoa simplesmente entra em um fluxo natural de meditação. Esta experiência de entrar em contato naturalmente com a sabedoria é conhecida como "receber bênçãos". As pessoas viajam pelo mundo para receber bênçãos dos lugares sagrados e dos seres sagrados. Escalam montanhas e suportam adversidades para receber bênçãos. As bênçãos surgem por meio do poder dos grandes meditadores e dos espaços e objetos conectados a esses praticantes. Uma vez que recebeu as bênçãos, você pode levá-las aonde quer que vá. Simplesmente pense: "Agora trago as bênçãos comigo". Sente-se no seu quarto e pense: "Estou em Bodhgaya, e o Buddha está na minha frente agora". Queime incenso ou acenda uma vela como oferenda e sente-se na presença do Buddha. Por meio de bênçãos acolhedoras, não nos sentimos solitários e intensificamos a nossa prática. Ficamos mais interessados nas bênçãos quando queremos mergulhar fundo na sabedoria, em vez de apenas aprender a meditar.

Muitas pessoas perguntam: "Por que visualizar o Buddha?" Na verdade, é bastante simples. Se quero aprender como construir um reator nuclear, tenho quase certeza de que visualizarei a presença de Einstein. Pensarei assim: "Einstein, por favor, abençoe-me para me tornar um físico como você". Minha mente se voltará para as qualidades de Einstein. Alinharei minha experiência com a qualidade da inteligência dele. Por meio dessa lembrança, refletirei sobre as suas qualidades, e essas ficarão gravadas na minha própria mente. Do mesmo modo, quando visualizo a minha avó, surge um determinado sentimento, que é o amor e o cuidado característicos dela, que então são gerados dentro de mim.

Algo semelhante ocorre quando visualizamos o Buddha, embora haja uma dimensão e um resultado adicionais. Visualizar o Buddha é particularmente poderoso porque a sabedoria do Buddha já está sempre presente. Nós nos conectamos com a mente aberta da sabedoria do Buddha, em primeiro lugar, fazendo uma conexão com a sua forma. O poder desse tipo de lembrança e subsequente conexão não pode ser exagerado. Algo extraordinário começa a acontecer quando nos lembramos da forma do Buddha e o mesmo não acontece com a forma de um ser comum.

O Buddha ensinou a verdadeira prática da meditação. Ensinou o caminho que conduz à liberação do apego ao ego e à liberação do desejo. O Buddha ensinou os métodos que vão nos levar à liberdade. Se quisermos atingir esses métodos, pedimos ao Buddha que nos abençoe. Não pedimos a ele que nos abençoe com um milhão de dólares ou nos torne como Bill Gates ou o presidente dos Estados Unidos, mas sim que possamos rapidamente alcançar sua realização.

Eu costumava encontrar dificuldades quando meditava porque a minha mente não ouvia os meus comandos. Quando encontrava uma dificuldade na minha prática, isso não queria dizer que a minha mente era defeituosa. Significava apenas que a minha mente não conseguia ouvir. Sabe por que isso acontecia? Eu havia estragado a minha mente. Ao longo da minha vida, disse à minha mente: "Faça o que quiser". Então, quando comecei a sentar e meditar, minha mente naturalmente fazia apenas o que queria.

Quando surge o pensamento: "Não gosto de meditar", precisamos retornar à prática em questão. Por fim, quando a mente começa a pensar: "Amo todo mundo e adoro meditar" e sentimos ondas de felicidade, também retornamos à prática em questão. "Está tudo bem", dizemos à nossa mente, e isso se torna uma ferramenta poderosa em nosso arsenal de meditação.

"Estou com fome."

"Está tudo bem, volte para a meditação."

"Estou cansado e preciso tirar um cochilo."

"Está tudo bem, por um tempo, volte para a meditação."

Não estamos dizendo que não devemos cuidar do nosso corpo — é claro que devemos estar saudáveis e descansados. A questão aqui é que, à medida que continuamos a trilhar o caminho, a mente não nos dará suporte. Por meio da prática, tentamos suavizar a mente, torná-la maleável e, por fim, enfraquecê-la. A mente certamente não quer ser enfraquecida e mostra sua resistência desde o início. Acho que todos vocês conhecem o resultado de uma mente mimada: estresse, exaustão, raiva, medo e todos os outros estados negativos que geralmente nos levam a questionar a meditação desde o início. Qualquer dificuldade que tenhamos com a prática é produzida pela nossa mente. Quando suplicamos aos buddhas e bodhisattvas, pedimos a intervenção da sabedoria que não pode ser contaminada, influenciada ou corrompida pela mente. Invocamos a sabedoria que destrói completamente a mente rabugenta.

Uma pessoa certa vez me disse que praticava o perdão. Eu disse: "Não tente praticar o perdão". "O quê? Por que não?", ela exclamou. Aqui o que estamos aprendendo a fazer é esquecer. Quando perdoamos, o problema é a nossa linha de pensamento, que diz: "Eu te perdoo pelo que você fez". Estamos nos lembrando de que alguém fez algo que nos ofendeu. Não estou dizendo que devemos reprimir, estou dizendo que o apego a uma narrativa de perdão sempre nos faz lembrar de algo "errado". Quando surge a lembrança, nós nos agarramos a ela. O melhor seria chegar ao ponto de dizer: "Ah, de verdade, já esqueci tudo!" Então não há necessidade de perdoar, porque já nos desprendemos do errado. Não carregamos uma pedra no coração.

Se conseguirmos fazer isso, significa que não estamos nos apegando ao passado. Significa que não estamos apegados à narrativa dualística da ofensa. Significa que não voltamos no tempo. Não internalizamos a sensação de ser uma vítima. Por outro lado, quando nos agarramos ao perdão, mantemos a fonte da nossa dor, a fonte do nosso apego, enquanto tentamos encobri-lo com a ideia de que "eu", como uma entidade sólida incondicionada, estou perdoando "você", outro ser substancial permanente. Como poderemos encontrar a liberação se fizermos isso?

Abordamos a confissão de maneira semelhante na prática budista. Normalmente, ao confessar, agarramo-nos à própria ação pela qual sentimos remorso. Devemos confessar como se estivéssemos batendo a mão em uma mesa de modo bem rápido e firme.

"Eu confesso." Bam!

Confessamos e então decididamente soltamos. Desenvolvemos convicção no poder purificador da confissão, ganhando confiança na presença e no amor dos buddhas. Isso acontece por meio do contínuo recebimento de bênçãos. Recebemos bênçãos com a mesma determinação com que confessamos.

"Recebi as bênçãos." Bam! Solte!

No Vajrayana, por exemplo, muitas vezes praticamos nos relacionar com o Buddha Vajrasattva, que é a corporificação da sabedoria pura. Imaginamos raios de luz brilhantes fluindo do coração de Vajrasattva, levando oferendas magníficas a todos os buddhas e coletando suas bênçãos, que então fluem de volta para Vajrasattva. Recebendo esses raios de luz, Vajrasattva resplandece com a luz da sabedoria. A seguir, pedimos a ele que purifique todo o nosso karma negativo. Olhando para nós, Vajrasattva diz: "Sim, você está purificado", e realmente temos a experiência de sermos purificados. À medida que praticamos isso várias e várias vezes, de fato damos origem à experiência da total pureza, e nossas ações, fala e mentalidade começam a refletir essa pureza. Toda a prática ocorre na mente, mas gera um resultado verdadeiramente transformador.

As práticas de convidar mentalmente um buddha para permanecer, prostrar-se mentalmente a ele e fazer oferendas mentalmente vêm dos sutras Mahayana. Aqueles de nós que praticam o Vajrayana devem saber que muitos dos métodos que usamos vêm do Mahayana. Os métodos do Vajrayana não são algo que os professores Vajrayana criaram do nada. Como Maitreya, devemos pedir ao Buddha que abençoe a nossa mente e os nossos locais de prática. Quando fazemos isso, estamos seguindo os passos dos bodhisattvas como no *Sutra Rei da Meditação*.

3º: Desenvolva confiança espiritual

> Assim, lembra-te do Buddha como a corporificação
> e sabedoria incomensurável dos vitoriosos.
> Se cultivares constantemente essa lembrança,
> tua mente vai realmente se concentrar nela.
>
> — Capítulo 4

Tenho um amigo que aparentemente pratica a visualização dos buddhas exatamente como eu, mas sempre que pergunto se ele recebe as bênçãos, ele diz que não.

"Como você está hoje?", pergunto. "Como está a sua meditação?"

"Minha meditação está indo bem."

"Você recebeu as bênçãos?"

"Hum, não. Bem, eu não tenho certeza."

Ele sempre diz a mesma coisa. Daí ele me pergunta: "Você recebeu as bênçãos?"

Sempre respondo: "Sim, recebi as bênçãos".

É o nosso padrão. Sempre que pergunto se ele recebeu as bênçãos, e ele diz: "Não tenho certeza", é precisamente essa incerteza, esse "não tenho certeza", que o impede de ser abençoado.

Recebo as bênçãos porque tenho o hábito de pensar que sim. Tenho confiança nisso e faço o meu melhor para voltar a minha mente para os buddhas e bodhisattvas sempre presentes. Esse homem nunca recebe as bênçãos porque está habituado ao pensamento de que não as receberá. Ter o hábito de receber bênçãos é a confiança espiritual. Lentamente, pouco a pouco, desenvolvemos a confiança de que estamos imersos na bondade amorosa e na compaixão da mente desperta, imbuídos do apoio dos buddhas e bodhisattvas. Não se trata de um tipo de confiança cega, mas de uma inegável experiência de estar saturado de amor e sabedoria.

Essa confiança é isenta de orgulho porque não produz julgamento; não amplia o fosso entre o eu e o outro. À medida que desenvolvemos essa confiança, praticamos a compaixão, observamos nosso julgamento e não reificamos a narrativa: "Oh, recebi bênçãos e, portanto, sou um praticante superior". Não é nada disso.

Ao longo do meu treinamento, ocasionalmente eu sentia que não estava recebendo as bênçãos. Quando isso acontece, precisamos imediatamente mudar de ideia. Temos que pensar sem hesitação: "*Sim*, eu recebi as bênçãos". Isso é muito importante. É assim que treinamos no aspecto espiritual do caminho. É muito diferente dos aspectos técnicos do caminho, que envolvem a análise detalhada da experiência, o método de meditação e a observação bastante analítica da mente.

O aspecto espiritual é também método, mas se afasta do nosso modo convencional de entender o método. Precisamos dos aspectos espirituais e técnicos do método. Quando os combinamos, temos uma confiança totalmente firme no Dharma. Se tirarmos o aspecto espiritual, a motivação que conduz o aspecto técnico não dura muito. E, se temos o aspecto espiritual sem o aspecto técnico, então o budismo se torna fé cega.

Convidando as bênçãos do Buddha

- Prepare um altar com representações de corpo, fala e mente iluminados. Por exemplo, seu lugar de prática pode ter uma estátua (corpo), uma escritura (fala) e uma estupa (mente).
- Sente-se ereto, porém, de modo confortável, em seu assento de meditação.
- Gere a sensação de que a sabedoria do Buddha está sempre presente e peça ao Buddha que abençoe o seu lugar de prática.
- Gere uma forte sensação de convicção de que você recebe as bênçãos.

Lembre-se de que você está recebendo as bênçãos para acalmar as emoções negativas da mente, para transformar a mente do apego ao ego em ausência de ego, e para realizar a própria natureza da mente.

6

Oferendas para a bem-aventurança

1º: Ofereça com o corpo e a fala

Ao esforçar-se para desenvolver esse samadhi,não esqueça de fazer oferendas aos vitoriosos.

— Capítulo 2

Quando em visita à Birmânia, fui a um lugar onde os antigos praticantes haviam construído belas estupas. Pude ver joias maravilhosas — diamantes, esmeraldas de um verde profundo e rubis flamejantes — incrustadas no topo das estupas. Olhando de uma certa perspectiva, as joias cintilavam e reluziam ao sol. A Birmânia é conhecida por suas joias, e tenho quase certeza de que os praticantes extraíram aqueles rubis e diamantes de seu próprio solo e os colocaram nessas representações da mente iluminada.

Ao redor do complexo da estupa havia lojas onde eu podia comprar folhas de ouro e colá-las nas paredes da estupa. Minha família e eu fomos convidados a decorar e embelezar as estupas. As pessoas no mercado vendiam lamparinas para oferendas, e os guardas do templo as deixavam acesas a noite inteira. Vendo uma oportunidade de gerar mérito, ou "reunir as condições que levam ao despertar", meu pensamento imediato foi "tudo bem, vou patrocinar essas oferendas agora". Assim que comecei a comprar as oferendas, meus sogros decidiram que também queriam fazer suas oferendas.

Dois dias depois, visitamos outro monastério birmanês. A taxa de câmbio do dólar era bem alta; cem dólares americanos na cabine de câmbio me dariam noventa mil kyat birmaneses. Troquei algumas centenas de dólares e eles me deram uma bolsa enorme de dinheiro. Eu me senti tão rico!

Na Birmânia, é muito barato viver e a comida não custa muito, mesmo para os pobres. Conversei com meu sogro e disse-lhe que queria ir a um monastério local para praticar a generosidade. Daí, fui para o monastério com minha esposa e filha, que era muito pequena na época, e outras pessoas. Colocamos nossos maços de dinheiro no prato de oferendas — aquelas enormes e gordas pilhas de dinheiro —, e todos nos curvamos à imagem do Buddha. Eu sei como fazer uma reverência no estilo birmanês, então, em vez de me curvar da maneira que tradicionalmente aprendi, eu me curvei no estilo birmanês, por respeito. Os outros membros da minha família e amigos se curvaram no estilo tibetano. Um amigo se virou para mim com um sorriso no rosto e disse: "Como você sabe fazer esse tipo de reverência?" E eu disse: "Você só precisa observar!"

Para mostrar respeito, precisamos ser muito cuidadosos em nossas observações. As pessoas que cuidavam do monastério birmanês ficaram maravilhadas de me ver fazer uma reverência no estilo deles. Mudar momentaneamente a maneira como me prostei foi em si uma oferenda. Podemos ser generosos com o nosso respeito, continuamente. Naquele momento, pude ver o valor de praticar a generosidade e aproveitar a oportunidade para alinhar a minha mente com a virtude. Precisamos saber como garimpar nossas oportunidades de dar. Essas oportunidades de dar quase nunca surgem do nada. Devemos realmente nos manifestar e criá-las, e, quando o momento chegar, temos que dar o máximo que pudermos. Ficou muito claro para mim que, por meio da generosidade, realizamos nossos desejos mundanos mais rapidamente e nossa prática se torna mais fácil.

No *Sutra Rei da Meditação*, o Buddha relata uma de suas vidas anteriores, muito antes de nascer como Siddhartha Gautama. Naquela vida, ele foi aluno de um antigo buddha e, na presença desse buddha, fez muitas oferendas e preces de aspiração. O mérito gerado por essas oferendas tornou-se a força que o impulsionou em direção à sua realização final. Diz-se também que o Buddha Shakyamuni louvou os nomes de oitenta buddhas anteriores a quem ele havia feito oferendas ao longo de dois éons.

Quando louvamos ao Buddha, estamos nos engajando em um tipo de atenção plena. Lembramo-nos das qualidades que estão presentes na nossa verdadeira natureza. Ao relembrar essas qualidades, imediatamente iniciamos o processo de revelá-las. Quando louvamos ao Buddha, a realização se torna desejável, inspiradora. Quando louvamos ao Buddha, damos valor à obtenção da verdade e, assim, ganhamos imenso mérito. O *Sutra Rei da Meditação* nos ensina como louvar os buddhas refletindo sobre suas qualidades.

> O Tathagata está em harmonia com todos os méritos. Ele não desperdiça as raízes da virtude. A paciência é o seu ornamento. Ele é a base dos tesouros de mérito. está adornado com as marcas menores. Enfeita-se com as flores das marcas maiores. Sua atividade é oportuna e apropriada. Quando alguém o vê, ele nunca está em desarmonia. Ele traz a verdadeira alegria para aqueles que anseiam pela fé. Seu conhecimento não pode ser derrotado. Seus pontos fortes não podem ser desafiados. Ele é o mestre de todos os seres sencientes. É o pai dos bodhisattvas. É o rei dos nobres. É o guia de quem acaba de iniciar o caminho. Ele possui sabedoria incomensurável. Possui confiança inconcebível. Sua fala é imaculada. Sua voz é agradável. Ninguém nunca se cansa de vê-lo. Sua forma é in-

> comparável. Ele não é maculado pelo reino do desejo. Não é afetado pelo reino da forma. Não é afetado pelo reino sem forma. É completa e totalmente livre dos agregados. Não está possuído pelos elementos. Seus sentidos são controlados. Ele cortou completamente todas as amarras. Ele é livre de tormentos. Está liberado da existência. Ele cruzou o rio. É excelente em todas as sabedorias. Ele permanece na sabedoria dos bem-aventurados do passado, presente e futuro. Não permanece no extremo do nirvana. Permanece na perfeição suprema. Faz parte do nível em que vê todos os seres sencientes. Jovem, todas essas são as virtudes perfeitas da grandiosidade do Buddha, o Tathagata.
>
> — Capítulo 19

Assim como o Buddha da nossa época, se você louvar todos os buddhas e bodhisattvas, cantar seus nomes e fizer oferendas, você também obterá rapidamente o samadhi. Você não precisa acreditar apenas na minha palavra — ficará claro na prática pessoal o quanto o fato de cantar louvores e fazer oferendas alimenta a sua capacidade de entrar nas dimensões profundas da meditação. Sem fazer oferendas, você se sentirá tolhido, a meditação se tornará árida, seu caminho parecerá forçado.

Diz-se que, como o Buddha Shakyamuni louvou os buddhas anteriores, eles naturalmente se tornaram seus gurus. Assim como o Buddha Shakyamuni louvou e serviu aos buddhas com perfeição, exaltando-os em cada ação, nós também devemos fazê-lo.

> Jovem Luar, sendo assim, se desejas este samadhi e desejas rápida e verdadeiramente realizar o insuperável, perfeito e completo despertar, deves também te esforçar em fazer oferendas, prestar homenagens e prestar serviço aos tathagatas, como eu fiz.
>
> — Capítulo 2

Os sutras e tantras descrevem os benefícios de fazer oferendas de muitas maneiras. Todas as diferentes explicações se resumem a reduzir a avidez e o apego. À medida que treinamos no Dharma, nosso apego muda dos objetos mundanos para os objetos "espirituais". Ficamos obcecados com o *nosso* mérito, a *nossa* disciplina. Por meio da oferenda, trazemos o apego material e espiritual para o caminho. Quando boas experiências surgem a partir do treinamento, também podemos oferecer essas experiências aos buddhas e bodhisattvas.

O Buddha menciona três tipos de oferendas. A primeira oferenda tem a ver com limpar o altar, embelezar o templo e oferecer flores e incenso. Em outras palavras, expressamos reverência pelo nosso local de prática. Demonstramos e intensificamos a nossa apreciação por meio de ações físicas.

O segundo tipo, na verdade, é a oferenda de beneficiar as outras pessoas. O Buddha disse que, quando oferecemos serviço aos nossos semelhantes, isso é o mesmo que oferecer serviço ao próprio Buddha. Para os seres sencientes, oferecemos objetos materiais para proteger seus corpos, oferecemos palavras e apoio físico para protegê-los do medo e oferecemos o Dharma para trazê-los ao despertar. O Buddha disse que uma pessoa que sempre oferece o Dharma, manterá o Dharma, e a sua percepção do mundo também se tornará pura.

A terceira oferenda é se engajar em virtude sem apego. Livres das oito preocupações mundanas, praticamos com atenção plena, gentileza, habilidade e bondade. Essa é a oferenda.

> Jovem, o que significa treinar em samadhi?
> Jovem, ouça bem: com suas mentes imersas em grande compaixão, os bodhisattvas mahasattvas se empenham em fazer oferendas... para os tathagatas e aqueles que foram além. Então, dedicam essas raízes de virtude à obtenção do samadhi. Eles não fazem oferendas aos tathagatas com a esperança de obter algo; não esperam nada dos objetos dos seus desejos, não esperam prazeres,

> renascimento elevado ou seguidores, mas pensam apenas no Dharma.
>
> — Capítulo 6

Precisamos saber como cultivar nossa riqueza atual para transformá-la em Dharma. Se temos recursos ou fartura e não damos nada, isso significa que temos tendências mesquinhas. A mesquinhez afeta tanto a pessoa que é mesquinha quanto a pessoa que, de outra forma, receberia o presente. Uma pessoa mesquinha não usa sua riqueza com habilidade, não consegue acumular mérito e não consegue chegar mais perto do despertar. Essa pessoa também deixa de investir em seu renascimento futuro.

Se alguém louvar um determinado buddha e fizer oferendas a esse buddha com a aspiração de nascer na terra pura ou em um reino celestial desse buddha, essa pessoa começa a reunir as condições para tal renascimento. É claro que as oferendas e aspirações devem ser acompanhadas das práticas virtuosas do Dharma, a fim de condicionar o fluxo da mente para ser experienciado como um reino celestial.

> Se fizeres oferendas inigualáveis
> ao Buddha Maitreya
> e preservares o Dharma sublime,
> renascerás em Sukhavati.
>
> — Capítulo 18

Se alguém tem dinheiro e sabe doar, a generosidade se torna a força que o impulsiona em direção ao samadhi que supera qualquer tipo de prazer mundano. Por exemplo, conheço uma pessoa que é muito inteligente. Ela sempre me pergunta: "Rinpoche, quando você planeja fazer pujas de grande realização este ano?" Estas são as práticas intensivas que acontecem no nosso monastério. Por nove dias, centenas de monges meditam e fazem práticas Vajrayana, acumulando méritos fantásticos. Essa mulher está sempre ansiosa para patrocinar essas pujas. Mas, sempre que digo: "Preciso de sapatos", ela não tem interesse em comprá-los. Ela quer doar dinheiro para grandes eventos que acumulam muito mérito. Apoiar a prática espiritual séria dos monges, monjas e praticantes leigos reúne mais virtude do que oferecer coisas materiais como roupas e sapatos.

Precisamos saber como doar de uma maneira que também traga benefícios físicos para aqueles que estão à nossa volta. Por exemplo, tenho outro patrocinador que tem muito dinheiro. Este patrocinador me deu um quadro no valor de quase trinta mil dólares. O que eu vou fazer com isso? Com a mesma quantia de dinheiro, ele poderia ter alimentado e sustentado a prática de muitos monges e monjas em nossas instituições monásticas.

Outro aluno me deu uma pequena escultura de aparência estranha. É rosa e verde e não se parece com nada em específico — acho que é arte. Tenho certeza de que tem algum valor, mas não sei quem a compraria e não posso vendê-la. Certamente não posso jogar fora. Então o que fazer?

Fui à casa de outro aluno para realizar um puja. No final da cerimônia, eles colocaram mais de um quilo de prata na mesa à minha frente. Perguntei a eles: "Para que serve isso?". Eles responderam: "É para a sua oferenda de mandala". Bem, esse foi um ato inteligente de generosidade. Eles não gastaram dinheiro em outras coisas; sabiam que eu usaria essa prata para práticas de acumulação de mérito. Oferendas que podem ser usadas para acumular mais mérito e oferendas que podem levar ao benefício físico direto de outras pessoas são superiores às oferendas que valorizamos pessoalmente, mas que não podem ser utilizadas. Com respeito ao Buddha, você pode oferecer tudo o que valorizar. Mas, quando doa para a Sangha, você deveria realmente pensar no que é útil. A intenção por trás das oferendas inutilizáveis pode ser nobre, mas, se a intenção nobre for associada à funcionalidade, você pode ajudar muitas pessoas. Você deve fazer oferendas para que a sua mente progrida ao longo do caminho do Dharma e de uma forma que contribua continuamente para a efusão da sua sabedoria e da sabedoria de todos os seres. Você precisa saber como extrair a essência da acumulação durante suas práticas de generosidade.

Os sutras enumeram o que podemos oferecer. Para começar, podemos oferecer roupas, remédios, artigos práticos e incenso. O que formos capazes de usar, o que for importante para nós, o que for socialmente valorizado, oferecemos aos iluminados. Seja o que for que reunimos e seja qual for o mérito que acumulamos, nós os dedicamos para alcançar a iluminação. Essas oferendas são as raízes que nutrem a bela árvore do samadhi. Também dizemos tradicionalmente que o efeito cármico mundano da oferenda é que nos tornamos um pouco mais ricos, renascemos em um lugar com mais liberdades e recursos e nos tornamos menos medrosos e mais confiantes.

No texto do *Caminho do Bodisatva*, de Shantideva, há muitas explicações sobre como fazer oferendas — os métodos físicos e assim por diante. Aprender os rituais de fazer oferendas é um processo que requer tempo e instruções de um professor. Mas, no início, fazemos oferendas de maneiras simples. Se encontrarmos uma flor no caminho para casa, podemos colocá-la diante de uma imagem do Buddha. Se virmos um pôr do sol especialmente fabuloso, podemos pensar: "Eu o ofereço aos buddhas e bodhisattvas para que todos os seres possam despertar para sua natureza intrínseca". A oferenda mental reduz o arrependimento e o apego, e contribui para o poder das nossas aspirações. Fazer oferendas mentais em conjunto com oferendas físicas é semelhante ao modo como nos empenhamos na bodhichitta da aspiração enquanto realizamos a intenção iluminada por meio da bodhichitta da aplicação.

2º: Doe com a Mente

Para oferecer no plano mental, imaginamos que damos aos buddhas e bodhisattvas todas as oferendas externas: bilhões de lamparinas de manteiga, florestas e riachos, veículos e roupas excelentes — todas as coisas que desejamos. No nível interno, oferecemos nosso corpo e as virtudes que acumulamos. No nível secreto, oferecemos a própria realização do samadhi. Estamos sempre livres para oferecer nossa natureza búdica em um único momento aos buddhas e bodhisattvas.

> Jovem, sendo esse o caso, as oferendas são feitas aos tathagatas a expectativa de vislumbrar os tathagatas, sem afirmar o eu e sem esperar resultados cármicos.
>
> — Capítulo 6

Na verdade, um praticante habilidoso não espera nada quando faz oferendas. Ele não se apega a uma recompensa cármica. Estar livre de expectativas é chamado "a mente do Dharma". Os praticantes passam a conhecer essa mente do Dharma fazendo oferendas em um estado livre de características. Dessa forma, eles encontram o Buddha supremo, também conhecido como *buddha dharmakaya.*

Enquanto houver a dualidade sujeito-objeto, não encontraremos o buddha dharmakaya, que é livre de características. Mesmo que nos lembremos das incríveis qualidades dos buddhas e bodhisattvas, ainda estamos no processo de pensar. É impossível se apegar a qualquer conceito e ainda assim encontrar o buddha dharmakaya. O Buddha, portanto, diz que o método adequado de fazer oferendas é desvencilhar-se da vontade de ter uma visão do Tathagata, o Buddha; abandonar a esperança de um retorno cármico positivo; e não ter a visão de que "alguém" está fazendo a oferenda. Isso é chamado "banquete tríplice, puro".

Primeiro, desenvolva a habilidade de fazer oferendas aos buddhas sem querer nada em troca e dedique o mérito a todos os seres. Em seguida, desenvolva a capacidade de ver a tríplice vacuidade — do próprio Buddha (o objeto da oferenda), do eu (o sujeito que faz a oferenda) e da ação (a própria oferenda). Se pudermos oferecer dessa maneira, segundo o Buddha, obteremos a iluminação autêntica.

Cada vez que você fizer uma oferenda, dedique o mérito. Sele a virtude ao doar tudo mentalmente. A dedicação se torna uma espécie de segunda oferenda. Pense: "Por meio desse mérito, todos os seres podem alcançar a onisciência. Que esse mérito possa vencer o inimigo, as ações negativas. Que todos sejamos livres das ondas tempestuosas do nascimento, velhice, doença e morte, do oceano do samsara". O mérito que você dedica nunca é perdido. Ele o conduzirá até que você desperte completamente.

Tornando-se um fluxo de generosidade

1. Limpe seu altar e respeitosamente faça oferendas físicas às representações da iluminação. Tradicionalmente, oferecemos (1) água para lavar; (2) água para beber; (3) incenso; (4) flores; (5) luzes, velas ou lamparinas de manteiga; (6) perfume; (7) comida e (8) um símbolo de música.
2. Ao longo do dia, aproveite todas as oportunidades para beneficiar outras pessoas. Isso inclui oferendas físicas, a oferenda de proteger os outros, a oferenda da verdade do Dharma e a oferenda de se engajar em virtude sem apego. Torne-se um fluxo de generosidade, beneficiando a todos que encontrar. Sempre que vir alguém, pense: "Como posso ajudá-lo?".
3. Enquanto caminha pelo mundo, faça oferendas internas de motivação pura, desprendimento e arrependimento sincero pelas ações negativas.
4. Ofereça utilizando a prática de dedicar sua virtude pessoal. Faça aspirações para a iluminação de todos os seres.

7

A VERDADEIRA DISCIPLINA

Estarás repleto de sabedoria e a levará à
perfeição.
Seguirás os passos do Buddha...
Não te desviarás dos seus compromissos...
Alcançarás o nirvana...
Obterás o samadhi.

— Capítulo 28

QUANTAS VEZES Buddha nos transmitiu a sabedoria da sua prática? Depois da iluminação, ele não apenas se sentou e ficou observando a beleza da floresta e as folhas caindo para o resto da sua vida. Se meditar sozinho na floresta pudesse salvar o mundo, ele teria ficado na sua almofada de grama. Em vez disso, quando Brahma solicitou que ensinasse, o Buddha aceitou andar pelo mundo e dar seu ensinamento libertador a incontáveis seres. Oferecer às pessoas o conhecimento do Dharma é oferecer a elas a chance de obter um fruto inconcebível. Mas, se quisermos oferecer o Dharma com habilidade, primeiro precisamos alcançar os resultados. Para isso, precisamos de disciplina. A disciplina nasce da motivação para oferecer genuinamente, sem hipocrisia, os ensinamentos que levarão os seres ao fruto radiante da prática.

Quando se trata do Mahayana, o primeiro nível da disciplina é se abster fisicamente de prejudicar os seres. O segundo nível é praticar continuamente o Dharma. O terceiro nível de disciplina é trazer os resultados da sua prática para o mundo. O primeiro é o mais fácil — você pode fugir para uma caverna e não prejudicar ninguém. Mais desafiador é realmente treinar na visão e no cultivo do Dharma, mas isso também pode ser feito em uma montanha solitária. Ainda mais desafiador é a atividade efetiva do Dharma. Nosso trabalho é desenvolver a atenção plena que abrange todos os três níveis.

1º: NÃO PREJUDIQUE NINGUÉM

> Jovem, o que é esse samadhi que revela totalmente a igualdade da natureza de todas as coisas? São os comprometimentos de corpo, fala e mente. É ação pura, além de qualquer ponto de referência, com pleno conhecimento dos agregados.
>
> — Capítulo 1

Quando o Buddha girou pela primeira vez a Roda do Dharma, ele transmitiu aos *ouvintes* seus ensinamentos fundamentais: prestar atenção às ações do corpo, depois à fala e em seguida à atividade mental. Mas, quando introduziu o Grande Veículo no segundo giro dos seus ensinamentos, ele se concentrou principalmente em prestar cuidadosa atenção à mente. Quando nosso corpo e nossa fala estão sob controle, a mente se torna estável. Da mesma forma, quando a mente está estável, nosso corpo e nossa fala são cuidadosos.

Cuidado é atenção plena. Quando somos cuidadosos, lembramo-nos de como as coisas são. Entender isso é simples e profundo. Quando estamos atentos, não esquecemos a impermanência, o sofrimento, a vacuidade, não esquecemos que não existe um eu. Agimos com a conduta pura que surge naturalmente quando a mente nunca se afasta do objetivo da iluminação. Com a intenção de libertar todos os seres, praticamos as seis paramitas. Quando acordamos de manhã, vivemos nosso dia, dirigimos nosso carro e bebemos nosso café, e nunca devemos esquecer o objetivo de libertar todos os seres do sofrimento. Este é o método dos sutras Mahayana.

Assim que perdemos esse cuidado consciente que nos relembra da necessidade de libertar todos os seres, tornamo-nos hipócritas. Grande parte do caminho envolve abster-se da hipocrisia, e a raiz da hipocrisia é a falta de sinceridade. Eu costumava me comprometer com projetos que suspeitava não poder concluir. Então, acabava decepcionando as pessoas por não poder cumprir minhas obrigações. Agora, quando penso que não posso fazer algo que me é pedido, não digo que posso. Isso é uma forma de sinceridade e uma pequena maneira pela qual venho trabalhando para corrigir minha hipocrisia. Por favor, olhe diretamente para seus próprios padrões hipócritas e reconheça-os sem medo. Sabemos como somos indisciplinados. O alívio vem quando somos transparentes com os outros e com nós mesmos.

Existem os hipócritas do desejo, os hipócritas da aversão e os hipócritas da ignorância. Os hipócritas do desejo dizem qualquer coisa para alcançar um resultado calculado. Os hipócritas da aversão praticam uma forma sutil de mentir para si mesmos e para os outros. Esses hipócritas da aversão podem se sentir moralmente justos enquanto se revoltam contra a injustiça social ou estrutural, mas sua linguagem é a linguagem da guerra, e não reflete a compaixão que aparenta motivá-los a agir. A raiva dessa pessoa não é a "compaixão irada", embora ela goste de acreditar que sim. A ação de um hipócrita raivoso é cegada pela fúria. Quanto aos hipócritas da ignorância, eles simplesmente não sabem o que estão fazendo.

Disciplina significa reconhecer a nossa hipocrisia e saber que isso prejudica os outros, saber que podemos dissipá-la e saber como melhorar nossa visão e conduta. Precisamos estar convencidos disso. "Eu sei que posso melhorar!" é uma frase à qual voltamos continuamente. A disciplina não é motivada pelo medo ou pela autopunição. A disciplina vem da confiança e da dignidade de perceber que não somos seres estáticos com características fixas. Nossa essência é sabedoria e compaixão, e disciplina é método — com a prática e o cuidado — por meio do qual alinhamos nossas ações com nossa dignidade fundamental. Não precisamos nos espancar com uma vara até sangrar. Só temos que nos perguntar: "Estou sendo cuidadoso?"

Há também pessoas que ouviram muitos ensinamentos, refletiram sobre eles em algum grau e acreditam que, portanto, estão praticando o Dharma. Conseguem citar as palavras do Buddha e preparar lindas palestras sobre o Dharma, mas não protegem as ações de corpo, fala e mente. Na verdade, às vezes distorcem as escrituras para justificar ou desculpar sua atividade prejudicial. O Buddha nos alerta para evitar cair nesse tipo de armadilha.

2º: Treine na visão, cultive o entendimento do Dharma

> Após teres entendido uma infinidade de ensinamentos, terás estudos suficientes, mas se não conservares a tua disciplina, a disciplina corrompida te levará aos reinos inferiores, onde todo o teu aprendizado não poderá protegê-lo.
>
> — Capítulo 9

Simplesmente *saber* como ser disciplinado não o salvará do resultado da ação impulsiva. Disciplina significa garantir que nossa mente não se movimente como um macaco agindo de impulso a impulso. Se a mente não oscila involuntariamente, os comprometimentos do corpo e da fala são mais fáceis de manter. Devemos fazer o máximo possível para nos abster de substâncias e condições que tornam nossa mente errática. Quando a mente é errática, o sofrimento floresce.

Por exemplo, substâncias tais como o álcool são tradicionalmente consideradas inaptas porque facilitam o movimento da mente. Deixe-me ser claro: o álcool em si não é ruim, mas uma mente oscilante é prejudicial. Às vezes, o álcool é um remédio. O mesmo pode ser dito de outras substâncias. Pessoas que sofrem de esclerose múltipla às vezes usam a maconha como remédio, e analgésicos são usados para aliviar o intenso sofrimento físico dos pacientes hospitalizados. Os praticantes Vajrayana extremamente avançados podem comer a semente alucinógena de uma certa flor apenas uma vez para ver o quanto a mente é maleável, para ver que tudo é como uma ilusão. As substâncias são apenas substâncias, mas produzem danos quando as ingerimos com a intenção de mergulhar ainda mais em ilusão. Disciplina significa abster-se das condições que nos empurram cada vez mais para a ilusão.

Também somos ensinados a proteger nosso corpo, fala e mente contra a influência de companheiros nocivos. Não julgamos as pessoas que são indisciplinadas ou negativas, mas somos aconselhados a proteger a mente das oscilações que acontecem de modo natural quando nos associamos continuamente com esse tipo de companhia. Por outro lado, a tradição nos oferece uma bela metáfora sobre a associação com pessoas virtuosas. Diz-se que, se você colocar um pedaço de madeira normal em uma floresta de sândalo, com o tempo esse pedaço de madeira começará a adquirir o cheiro doce do sândalo. Da mesma forma, mesmo se formos uma pessoa normal, se nos associarmos a companheiros nobres, começaremos naturalmente a dar origem às qualidades de virtude e sabedoria.

Hoje em dia, a disciplina budista é frequentemente mal interpretada. As pessoas pensam que o budismo é contra isso e aquilo, o que realmente não é nosso modo de pensar a disciplina. O budismo nos aconselha a manter os comprometimentos que contribuirão para o nosso despertar. Os ensinamentos budistas dizem que comer muito é prejudicial, mas o budismo nunca diz nada negativo sobre a comida em si. Reconhecemos que uma barriga estufada torna a mente embotada. Esse também é o caso de dormir excessivamente ou não descansar o suficiente. Disciplina diz respeito a criar as condições para uma mente saudável e estável. Se queremos despertar para a bem-aventurança suprema, devemos estar cientes e nos abster das condições e atividades que perturbam a mente. É muito lógico.

No início, a prática da meditação é fortemente influenciada pelas pessoas que nos cercam, pelas substâncias que ingerimos e até pelas roupas que vestimos. Se quisermos gerar o samadhi genuíno, devemos perseverar em trabalhar de forma inteligente com esses fatores. Como uma regra, lembre-se disso: quando sua mente oscila, você sofre mais. Quando sua mente não oscila, você automaticamente sabe que ela não oscila. Isso é estabilidade.

As escrituras que descrevem a conduta dos monges dizem que os monges não devem manusear ouro. Mas se um monge for completamente livre de qualquer apego e alguém lhe entregar uma mala contendo um milhão de dólares em ouro, ele pode pegá-la. No Mahayana, verificamos nossa conduta pela qualidade da nossa mente, não apenas pelas escrituras. Aversão, apego e ignorância devem ser abandonados. Se houver uma atenção plena consistente, haverá disciplina. À medida que começamos a estabilizar os comprometimentos da nossa conduta física, em um nível mais profundo também começamos a estabilizar a atenção plena que reflete a vacuidade dos cinco agregados, que constituem a totalidade das nossas experiências. A estabilidade nesse reconhecimento garante que não quebremos nossos votos.

> Aquele que sabe que os cinco agregados são vazios
> entende que são naturalmente vazios e sem entidade
> inerente.
> Qualquer ação física torna-se conduta pura
> e os seus votos nunca são quebrados.
>
> — Capítulo 39

Um bodhisattva disse ao Buddha: "Sempre que pratico o Dharma, vivencio obstáculos. Por que isso acontece?". O Buddha respondeu: "Certamente esse é o caso. Se praticar, você encontrará obstáculos. Se não praticar, não precisará de obstáculos. Você é o obstáculo". Para mim, essa é uma das melhores coisas que já ouvi. Se você praticar, o demônio Mara vai atrapalhar. Quando digo "Mara", não me refiro a algum fantasma lá fora esperando para te pegar. Mara sem dúvida se refere a emoções negativas. Você verá Mara claramente quando virar a maré contra seus próprios hábitos. Mara torna-se significativamente pronunciado no caso do praticante. Se não estiver praticando, você está perto demais para detectar Mara; você é Mara.

No entanto, os seres humanos estão constantemente externando o demônio Mara, que na raiz é o apego ao ego. Eles sentem que há algo *lá fora* esperando para prejudicá-los. No Vajrayana, empregamos muitos métodos de prática para reduzir esse medo, tal como visualizar uma barreira indestrutível em torno do nosso local de prática. Mas, honestamente, a melhor maneira de reduzir nosso medo é praticar a vacuidade. Portanto, empregamos esses métodos até que tenhamos manifestado a habilidade de genuinamente praticar a vacuidade. Assim que pudermos praticar a vacuidade, a disciplina de manter a visão correta será nossa armadura contra Mara.

O que é vacuidade? Não é fácil descrever. O Buddha usou muitas palavras para introduzir essa noção. Ele disse que a vacuidade é não criada, incessante, inexprimível e livre de características — sempre foi assim. Disse que a vacuidade é naturalmente pura, e que o bodhisattva que vê isso conhece a verdade.

O Mahayana ensina que, desde o início, tudo é paz. É isso o que vamos entender. Não é correto ouvir falar sobre a vacuidade, concluir intelectualmente que os fenômenos realmente não existem e deixar por isso mesmo. Em última análise, isso não vai nos beneficiar. Se você sustentar essa suposição e eu lhe der um tapa com força, você vai acreditar instantaneamente que os fenômenos existem. A genuína aceitação da vacuidade é ver que os fenômenos, por natureza, não têm realmente existência substancial. Nunca foram realmente criados e, portanto, nunca cessam.

Ninguém os fez assim — eu certamente não o fiz, e você não o fez. Todos os fenômenos são naturalmente assim.

> A aceitação da natureza dos fenômenos como destituída de entidade inerente significa perceber a ausência do eu sem emoções aflitivas e saber que todos os fenômenos são como o céu: essas são as razões para chamá-la de aceitação.
>
> — Capítulo 4

A aceitação da vacuidade é realizada quando reunimos as condições para a prática apropriada, envolvemo-nos com a prática da generosidade, mantemos a nossa disciplina, aclaramos a nossa visão e treinamos em meditação. Se quisermos realmente reconhecê-la, precisamos preservar todos os elementos do caminho. A alternativa é simplesmente manter a nossa versão dos fatos de acordo com nossos desejos. Se, no entanto, formos capazes de dar origem à compreensão da vacuidade, podemos nos tornar total e completamente livres.

Um bodhisattva que possui essa sabedoria não tem mais apego aos objetos das consciências dos sentidos porque sabe que esses objetos são insubstanciais. Nem experimentará aversão, nem agirá sob os pesados véus da ignorância. Se entender que não há nada a desejar, como poderá ter desejos? Ele está livre dos objetos de Mara e mantém o mundo puro do Buddha. O bodhisattva amadurece por meio da sabedoria dessa realização.

Embora essa percepção da vacuidade esteja realmente além de qualquer expressão, ainda assim nós a abordamos por meio da disciplina da recordação. A maneira suprema de manter a disciplina é lembrar que, desde o início, os fenômenos são essencialmente paz e ver os três reinos como um sonho. Os exemplos tradicionais são que todos os fenômenos são como ilusões, alucinações, um eco, um defeito visual, um show de mágica, um reflexo na água ou espaço.

O que significa dizer que todos os fenômenos são como sonhos? Um sonho é o resultado de condições que ocorrem na vida desperta e, quando adormecemos, vemos a impressão dessas condições e consideramos o sonho como real. Mesmo sabendo que estamos sonhando, apenas 50% do problema foi resolvido. Somos capazes de reconhecer que estamos sonhando, mas ainda sonhamos, então como podemos acordar do sonho? Da mesma forma, na nossa vida desperta, podemos vir a perceber que estamos dentro da ilusão do samsara. Podemos entender que as flores na beira da estrada e os bolsos sujos da parte traseira dos assentos dos aviões são ilusões, mas ainda não acordamos. Seguimos o caminho budista com disciplina para despertarmos do sonho do samsara. Ainda não chegamos lá. Esse é o nosso projeto; é por isso que praticamos. Se não tivermos disciplina, será impossível acordar.

Do mesmo modo, as aparências são como alucinações porque percebemos coisas que não existem. Podemos determinar que um conjunto de condições é bom e sentir que são permanentes, mas essa é uma visão errada.

As coisas são como um eco porque estamos na oscilação constante de sons e julgamentos ilusórios. Tentamos agarrar, damos um nome, e dizemos: "Gosto disso" e "não gosto daquilo". Quando as pessoas nos elogiam, nós adoramos. No entanto, cada momento de elogio vem e desaparece como um estalar de dedos. Cada palavra vem e vai imediatamente — por que nos apegamos a elas? Se quisermos manter o elogio, é como se quiséssemos reter um eco. Não há nada no que se agarrar. Quem está fazendo o eco? Nós estamos. Reprisamos o elogio na nossa mente muitas e muitas vezes, fazendo um barulho que não pode durar, ligado a um som que não perdura. Alguém elogia você uma vez, e você se elogia cem vezes.

Aparências são como um defeito visual. Às vezes, olho para alguém e penso: "Esse cara me odeia". Na verdade, ele está tendo problemas com seu casamento, e a raiva que vejo não tem nada a ver comigo. Eu crio uma história inteira a partir de uma expressão no rosto dele. "Esse homem me despreza porque sei que meu amigo lhe contou que não gostei da atitude dele." E assim eu continuo com todas essas coisas que não têm nenhuma relação.

Dizemos que todos os fenômenos são como um reflexo porque tudo o que vemos exposto na superfície do mundo é a mente. Não vemos a verdadeira substância da mente no mundo externo, mas quando nossa disposição muda, vemos que o mundo externo muda. A substância de uma mente não "sai" para algum lugar, mas vemos nossa disposição mental se manifestando como aparência física.

O exemplo de um show de mágica é uma boa analogia para a nossa fantasia. Criamos, sonhamos acordados, pensamos em mundos fantásticos. Sem esforço, inventamos histórias nas quais somos o herói ou o vilão, e essas histórias surgem magicamente diante de nós — são irreais, mas ainda nos enredam.

A analogia do espaço refere-se simplesmente à expansão livre e vazia, na qual todas as coisas surgem inseparavelmente.

3º: CAMINHE COM REALIZAÇÃO

> Visto que não podem verdadeiramente perceber ou apreender esses fenômenos, diz-se que eles não têm apego, raiva, ignorância ou visão errônea, e estão em equilíbrio meditativo.
> Considera-se que são livres de elaborações conceituais... alcançaram a bem-aventurança e a ausência de medo.
> Eles têm disciplina, sabedoria, conhecimento, mérito, poderes milagrosos, atenção plena, inteligência, realização e consciência... Eles não têm emoções aflitivas...
> São destruidores de inimigos... Suas mentes são liberadas pelo verdadeiro conhecimento.
> Sua sabedoria é liberada... São chamados de brâmanes... monges... seres supremos.
>
> — Capítulo 9

O grande iogue indiano Naropa tirou suas vestes monásticas e disse: "Anteriormente, fui ordenado como monge, mas agora sou um verdadeiro monge". Esse significado é expresso *no Sutra Rei da Meditação*: um verdadeiro monge, um verdadeiro brâmane, uma pessoa sagrada autêntica é aquela que está sempre livre dos três venenos. As pessoas às vezes criticam os mestres Vajrayana que, embora sejam casados, mantêm as vestimentas do Dharma. Se você olhar, no entanto, eles estão exibindo a intenção inicialmente estabelecida nos sutras Mahayana.

Quando mantemos a visão de que as aparências são como um sonho e de que não existe uma entidade inerente, ficamos livres do "eu". Quando estamos livres do "eu", estamos livres do medo e da possibilidade de sermos aterrorizados pelas emoções negativas. Livres do terror, ficamos imperturbáveis. Imperturbáveis, os obstáculos não podem nos afetar. Um bodhisattva que não é afetado pode beneficiar os outros sem medo. O Buddha disse que, se mantivermos esse tipo de disciplina pura, seremos capazes de entrar em um covil de ladrões, de mentirosos, de criadores de karma negativo, até mesmo em um ninho de cobras, e permaneceremos intocados. Isso sempre é mencionado nos sutras. As pessoas perguntam qual é o benefício do "não eu". Essa é a resposta.

Se mantivermos a disciplina, as pessoas vão nos elogiar. Isso acontece naturalmente. Mas, se formos um aspirante a bodhisattva e gostarmos de receber elogios, então não estaremos realmente mantendo a prática. Da mesma forma, se todos estiverem nos criticando, e alimentarmos a raiva que emerge, não estaremos de acordo com os ensinamentos. Para mantermos a disciplina total e completamente pura, devemos nos tornar como o céu.

> Assim como o céu é imaculado,
> totalmente puro e naturalmente luminoso,
> do mesmo modo, os votos puros do corpo
> nunca podem ser expressos verbalmente.
>
> — Capítulo 39

Não podemos falar verdadeiramente da conduta pura do corpo de um bodhisattva; ela surge da realização da vacuidade. A luminosidade natural e vazia é a característica transcendente das aparências e não pode ser expressa de maneira clara e distinta. Quando vamos além da nossa fixação no corpo comum para um espaço imaculado semelhante ao céu, nosso corpo mantém o voto supremo. Também é impossível falar sobre isso. Quem realmente compreende isso não pode abandonar a disciplina do corpo.

Mantendo a disciplina

- Esteja atento às suas ações e seja cuidadoso em todos os momentos do dia a dia. Avalie a si mesmo: Estou prejudicando alguém?
- Em suas sessões formais de meditação, alterne entre gerar compaixão por todos os seres e lembrar que tudo é uma ilusão.
- Lembre-se de que a vacuidade é a natureza do seu corpo, dos pensamentos, sentimentos e de tudo o que aparece. Esta natureza vazia nunca foi criada e nunca se deteriora ou diminui. É sempre pura e livre. Lembrar disso e manter essa lembrança é o começo da verdadeira disciplina.

8

PACIENTE E INCÓLUME

1º: NÃO FOMENTE A AGRESSÃO

> Neste mundo, as pessoas seguem muitos credos.
> Não ter raiva de ninguém,
> e tratar todos com compaixão:
> essas são as qualidades do primeiro nível
> de paciência.
>
> — Capítulo 7

HÁ UMA montanha exuberantemente verdejante na China onde os monges treinam nas práticas do Buddha Amitabha, o Buddha de luz infinita. Eles cantam o mantra de Amitabha com grande devoção, oram e meditam nas escrituras que descrevem sua terra pura. Ouvi recentemente que um pássaro voou até esse lugar, pousou ao lado de um dos monges e cantou "Amitabha". Imagine, dia e noite você treina na prática de Amitabha e, do nada, um pardal comum se empoleira ao seu lado e diz: "Amitabha". Desnecessário dizer que os monges interpretaram isso como um sinal auspicioso. Isso lhes deu confiança de que estavam praticando corretamente.

A maioria de nós não treina nessas circunstâncias. Temos pesadelos, vivemos em cidades poluídas, as pessoas nos xingam, o ambiente parece contradizer nossos esforços de prática. O pássaro lá fora da nossa janela definitivamente não canta "Amitabha". Nessas circunstâncias, como checar se nossa prática está indo bem? Precisamos analisar honestamente a motivação que trazemos para a nossa prática. Se a nossa motivação for pura, no sentido de que é dotada de compaixão e, com o melhor da nossa capacidade, livre de apego a nós mesmos e aos outros, nesse caso estamos treinando bem. A verdade é que, até atingirmos a budeidade, sempre podemos dar origem a experiências mais puras. Como nunca tivemos a experiência de uma motivação completamente pura, não sabemos como ela é. Portanto, precisamos confiar em algo que possa contextualizar o nosso nível atual de prática e nos mostrar aonde devemos ir. Tive a sorte de ter professores confiáveis e contei com eles para me ajudar a desenvolver a minha motivação.

Muitos de nós não têm acesso contínuo a um professor confiável e, portanto, dependemos das instruções confiáveis do Buddha que vêm dos sutras. Devemos verificar por nós mesmos, de uma forma muito clara, se as nossas aspirações se alinham com os ensinamentos do Buddha. Devemos ler as biografias dos grandes mestres e compreender o vigor com que praticavam, a vastidão da sua paciência e a pureza da sua motivação.

Nossa visão, meditação e conduta devem ser sempre as mesmas — nossa conduta deve ser uma expressão da nossa motivação. Para a maioria de nós, nem sempre é esse o caso. Podemos nos sentar em meditação e examinar os componentes do nosso corpo, lembrando-nos: "Não há olhos, nem ouvidos, nem nariz, nem língua, nem corpo e nem mente", assim diz o *Sutra do Coração.* Podemos penetrar profundamente nessas questões, dando origem a uma experiência de espaço. Mas, depois, será que levamos esse espaço para fora da almofada e para nossos relacionamentos? Praticamos a paciência de estarmos livres da raiva, de sermos compassivos? Mantemos essa visão quando encontramos pessoas que creem de modo diferente do nosso? Podemos meditar sobre a vacuidade, mas ainda assim desejamos atingir a iluminação apenas para nós mesmos. Nesse caso, nossa motivação, visão, meditação e conduta não estão alinhadas. Quando as alinhamos, o samadhi está naturalmente presente.

Geralmente temos pelo menos um colega que sempre nos pede para confirmar a legitimidade da nossa prática. Essa pessoa tenta abrir brechas nas nossas posições filosóficas ou, se estiver nos desafiando por motivos religiosos, fará exigências como: "Mostre-me um milagre do Buddha!". Nossa resposta deve ser sempre calma e interessada, oferecendo uma explicação adequada do nosso ponto de vista. Ficar em silêncio não é o caminho correto. Devemos explicar com paciência, com o entendimento correto, sem sermos conduzidos pelas nossas aflições. Dessa forma, as pessoas que nos desafiam nos ajudam a aperfeiçoar a nossa prática e a revelar lacunas no nosso conhecimento. Ajudam-nos a desenvolver a paciência e a treinar a compaixão.

A compaixão e a paciência estão intimamente relacionadas. Não é que saiamos pelo mundo pensando: "Realmente sou superior a todos. Sei mais e sou dotado de sabedoria, e por isso tenho compaixão". Isso é totalmente incorreto. A compaixão envolve o respeito pela igualdade intrínseca. Compaixão no budismo significa reconhecer que estamos todos precisamente no mesmo nível — todos nós queremos apenas ser felizes. Precisamos ter paciência para calibrar mentalmente esse reconhecimento. A paciência natural surge quando começamos a experimentar que intrinsecamente somos iguais a todos os seres.

Devemos sempre observar como abordarmos as outras pessoas. Desse modo, mais uma vez, os praticantes fervorosos costumam se iludir pensando que são superiores às outras pessoas. Precisamos treinar o pensamento de que somos ou iguais a uma pessoa ou inferiores a ela. Na verdade, devemos ver qualquer pessoa que nos ofereça até mesmo uma única palavra do Dharma como sendo um professor. É assim que podemos começar a reduzir o nosso orgulho.

> Eles devem perceber todos os buddhas e bodhisattvas como seus professores. Com alegria e respeito, devem também perceber seja quem for que proferir esses discursos de Dharma como seus professores.
>
> — Capítulo 18

Ao mesmo tempo, praticamos a meditação de trocar o eu pelo outro. Além disso, sempre que falamos sobre a prática de meditação com outro praticante, devemos falar de um lugar que reconhece que a pessoa diante de nós é um meditador *melhor*! Se pensarmos: "Sou ótimo, sou bom!" ou sentirmos que entramos em alguma zona segura de virtude, realmente não compreendemos a fragilidade e a impermanência da nossa situação atual. Precisamos nos sentir confortáveis em reconhecer a igualdade de todos à luz da impermanência.

> O conhecimento de que todos os fenômenos são
> ilusórios está além do âmbito do raciocínio —
> não se distancia da base da crescente sabedoria.
> Essas são as qualidades do primeiro nível de paciência.
>
> — Capítulo 7

No nível mais elevado, podemos lembrar que a base de tudo é a onipresença da sabedoria. Isso significa lembrarmo-nos da nossa natureza intrínseca. A base é pura e ilusória, o caminho é puro e ilusório, e o resultado é a realização da completa pureza. Quer pratiquemos a calma permanência ou a vacuidade profunda, devemos nos lembrar continuamente da completa pureza de todas as coisas. Essa base pura é a base para a paciência suprema.

O Buddha nos oferece um método para alcançarmos a liberdade da paciência. Temos uma escolha a fazer. Será que vamos realmente aplicar o método e integrá-lo à nossa experiência? Ou vamos manipular o método de acordo com nossos hábitos e desejos atuais? Aplicar genuinamente o método, livre de manipulação, é paciência. Quando treinamos para ver todos os fenômenos como sendo semelhantes ao céu, chegamos mais perto do reconhecimento da ausência de uma entidade intrínseca, sem quaisquer aflições e que nos conduz à vacuidade.

Nos sutras Mahayana, somos ensinados a treinar em um tipo de meditação que contém muito espaço no qual o "objeto" da meditação é, na verdade, inconcebível, ilimitado. Quando saímos desse estado, entramos no estado pós-meditação e seguimos com a nossa vida. No estado pós-meditação, continuamos a ver tudo como ilusão. Vendo tudo como ilusão, o apego não é forte, e assim a sabedoria aumenta. Esse é o início da paciência.

A palavra tibetana *ngejung* é geralmente traduzida como renúncia, mas tem ainda outro significado — algo semelhante ao "desejo de alcançar". O aspecto positivo da renúncia corresponde à paciência necessária para alcançar essa visão de que os fenômenos são como o céu. Quando essa visão é alcançada, os fenômenos não têm características e estamos livres de apego e sofrimento.

Pratique com sinceridade. Solte sua raiva quando ela surgir. Isso faz parte do primeiro nível de paciência. Seja pacífico, pratique atos virtuosos e leve a bondade dos ensinamentos para o seu coração. Não tenha raiva das visões não budistas. Reduza seu orgulho. Se alguém o repreender publicamente, aproveite esse momento como uma oportunidade para observar a sua reatividade. O conceito de Buddha não deve ser atribuído unicamente a um único indivíduo histórico. Em vez disso, veja toda experiência como um ensinamento espontâneo do Buddha. Apesar da constante mudança dos quatro elementos, você deve permanecer focado em atingir a budeidade. Tudo isso é a prática do primeiro nível de paciência.

Qualquer que seja o ensinamento que ouvir,
estejas livre de dúvidas sobre a fala do Buddha

> e confiante no Dharma de todos os vitoriosos —
> essas são as qualidades do primeiro tipo de paciência.
>
> — Capítulo 7

Se não ouvirmos os ensinamentos, não seremos capazes de praticar. Tudo isso — nossa conduta, nossa capacidade de treinar em meditação, nosso insight — começa com a capacidade de ouvir. Por isso, praticamos a paciência da escuta e a paciência da reflexão, que dissipa dúvidas.

O sutra menciona que devemos ter confiança nos vitoriosos, nos buddhas e bodhisattvas. Para fazer isso, temos que investigar suas qualidades e os ensinamentos que defendem. Quais sistemas filosóficos e escolas são atribuídos pelos nobres?

Na verdade, o Buddha não adota nenhuma escola. É impossível para o Desperto obrigar-se às limitações de um sistema conceitual. Buddha é aquele que foi além dos obscurecimentos aflitivos e cognitivos e conseguiu ser vitorioso. O que, então, o Buddha é capaz de ensinar? O verdadeiro Buddha só pode ensinar o que é útil para trazer os seres à liberação. Ele ensina apenas aquilo que acompanhará os seres para além da aflição — exatamente de acordo com seu karma e suas capacidades específicas. Os despertos ensinam aquilo que os levou à realização.

> O Dharma em que treinastes
> é exatamente o Dharma que ensinais.
>
> — Capítulo 13

Às vezes, temos uma maneira engraçada de pensar em que imaginamos o Buddha como sendo budista. Nós nos perguntamos, em quem o Buddha toma refúgio? Ele entende as Quatro Nobres Verdades? Se *as entende*, isso não quer dizer que ele tem uma mente? Se assim for, isso significa que ele tem a fonte do sofrimento e é um ser senciente, não um Buddha. Precisamos pensar profundamente sobre esses tipos de perguntas. O importante é sempre voltar ao título de "Vitorioso" e refletir sobre o que isso realmente significa. Será que se refere a ser vitorioso sobre os inimigos físicos? Não. Refere-se a ser vitorioso sobre a dúvida, vitorioso sobre o sofrimento, vitorioso sobre as visões errôneas e, por fim, ser vitorioso sobre todos os conceitos. Quando dedicamos nosso tempo para examinar minuciosamente, praticamos o primeiro nível de paciência.

2º: Medite

> Repousando em meditação enquanto fica de pé e fala,
> repousando em meditação enquanto se senta e anda,
> o sábio leva o samadhi à perfeição.
> Essas são as qualidades do segundo nível de paciência.
>
> — Capítulo 7

A meditação precisa se tornar contínua. Embora falemos de meditação em termos de sessões formais e do estado pós-meditação, no final temos de ir além dessa divisão em dois estados. A prática contínua se abre para o samadhi. Precisamos ser vastos em nossa compreensão e aplicação. A meditação contínua é o segundo nível de paciência.

> Por meio do poder de *shamatha*, a agitação desaparece.
> Por meio de *vipashyana*, você se torna como uma montanha.
> Todos os seres juntos não poderiam perturbá-lo.
> Isso é ensinado como sendo o segundo nível de paciência.
>
> — Capítulo 7

Na parte de meditação deste livro, aprenderemos como o Buddha ensinou meditação no texto-raiz do *Sutra Rei da*

Meditação. Por enquanto, entenda isso: *shamatha*, ou a prática da calma permanência, impede que a sua mente oscile. Por meio dela, você se torna mais estável. Dentro dessa estabilidade, as fraquezas dos seres sencientes individuais se tornam mais claras para você. A realização de shamatha nos confere a capacidade de trazer esses seres sencientes para o caminho. Esse é um aspecto do segundo tipo de paciência. Já *vipashyana*, a prática de insight especial, desenvolve estabilidade. Por meio de vipashyana, a mente não é mais uma "coisa" a ser influenciada — o que, na verdade, é uma compreensão muita profunda.

Por meio do treinamento em meditação, nosso "faro" melhora. Percebemos que nossa intuição é dramaticamente aprimorada, e essa é a primeira amostra de como um meditador experiente pode ser incrivelmente preciso. Se você praticar até o ponto em que sua esperança quase desaparece e todas as expectativas cessam, seu olhar para quem quer que seja será muito mais transparente. A barulheira da distração vai embora. Você sabe exatamente o que dizer para fazer alguém feliz ou curar o que aflige essa pessoa. Sua atividade pode ser realmente incompreensível para aquele que está à sua frente ou pode parecer contrária às interpretações convencionais de compaixão, mas é realmente muito poderosa e amorosa. Esse é o benefício do samadhi. Você sabe como ensinar o Dharma de acordo com a pessoa que está recebendo o ensinamento. Você não dirá palavras que estão além da compreensão dessa pessoa, nem dará a ela menos do que ela precisa naquele momento. Tudo isso está associado ao treinamento e à estabilização do segundo nível de paciência. Quando atinge essa clareza e percepção, você cria as condições para uma mente que é como uma montanha.

3º: Permaneça incólume

Não contente com a aquisição,
nem entristecido pela privação,

> mas sempre com uma mente como uma montanha —
> essas são as qualidades do terceiro nível de paciência.
>
> — Capítulo 7

Sempre que me estresso com a questão de dinheiro, os recursos financeiros não aparecem. Sempre que não me preocupo muito em acumular riqueza, os recursos parecem fluir de forma mais natural. As pessoas que realmente levam o karma a sério às vezes esperam que a prática virtuosa lhes traga riqueza, e isso se infiltra profundamente em suas motivações. Se a riqueza não vem com facilidade, elas ficam ansiosas, irritadas e chateadas. Como praticantes leigos, é claro que precisamos de alguma rede de segurança. Temos famílias e precisamos viver — mas, além disso, se você não ruminar muito e for um praticante genuíno, os recursos às vezes começarão a chegar de direções inesperadas.

Aconteça o que acontecer, não devemos ficar muito empolgados. Aconteça o que acontecer, não devemos ficar muito deprimidos. A maneira como reagimos à entrada e à saída de recursos é um reflexo muito apurado da estabilidade da nossa mente. Quando temos uma vida confortável, nossa prática pode realmente não ser muito boa. Ficamos um pouco preguiçosos. Mas, de repente, surge um problema de saúde, ou um problema de família, e começamos a praticar com muita atenção. Quando nos sentimos muito confortáveis, tendemos a desvalorizar o caminho espiritual. O budismo não é contra o conforto, mas é contra a ilusão de que qualquer coisa além do Dharma possa gerar satisfação duradoura. O budismo sempre nos lembra: "Impermanência, impermanência!"

A impermanência nos tira da ilusão. Se não ficamos muito felizes quando acumulamos riquezas nem deprimidos quando perdemos algum dinheiro, isso significa que a questão financeira não está afetando excessivamente a nossa mente. Isso mostra que nossa mente está estável, e uma mente estável pratica bem e é o resultado de uma boa prática.

> A experiência dos buddhas, bem como seus métodos
> e a conduta desses buddhas —
> todos são praticados pelos bodhisattvas.
> Essas são as qualidades do terceiro nível de paciência.
>
> — Capítulo 7

O Buddha demonstrou suprema sinceridade. Por essa razão, devemos ler a história da sua vida, bem como os *Contos Jataka,* que detalham suas vidas anteriores, para que também possamos entender como ser praticantes sinceros. O Buddha pode nos influenciar emocionalmente por meio da narrativa da sua história. As histórias podem nos ensinar de uma forma que a filosofia não pode. A filosofia não cria uma relação íntima com o corpo do Buddha, que andou pelo mundo como um sol radiante de amor e sabedoria. Quando lemos as biografias dos grandes mestres e praticantes, podemos começar a ver as coisas do mesmo modo que o Buddha vê — sem julgamento, com pureza e igualdade, com bondade amorosa, que considera cada ser como mais querido para si do que seu próprio corpo. Quando lemos sobre as ações dos nobres, não podemos deixar de levar essas ações para a nossa própria vida. Um bodhisattva replica as atividades do Buddha em sua própria vida, da melhor forma possível.

Existe uma prática chamada *Abandonar e Purificar.* Nessa prática, tudo o que se possui é dado aos outros. O praticante literalmente dá tudo o que possui, exceto as roupas do corpo. Fazemos uma conexão com essas práticas, em primeiro lugar, admirando aqueles que as praticam e nos regozijando com elas. Então, se for viável e tivermos coragem, um dia podemos realizá-la nós mesmos. Por meio de tais práticas de paciência, é possível acessarmos a realização que vai além do nascimento e da morte, a realização de que todos os fenômenos coabitam em dharmata, a essência da realidade.

> O dia em que um perfeito bodhisattva alcançar esses três tipos insuperáveis de paciência, ele não mais perceberá nascimento ou morte, mas verá que todos os fenômenos estão em dharmata.
>
> Desse modo, reconhecerá a falta de um verdadeiro estabelecimento: os fenômenos são ilusórios e vazios por natureza; a vacuidade em si não pode ser percebida e não há morte; todos os fenômenos são vazios em sua própria essência.
>
> — Capítulo 7

Diz-se que, se tivermos paciência transcendente, não seremos danificados pelo fogo nem pela água, nem armas e venenos nos afetarão. A paciência nos dá um rosto bonito e uma forma atraente. A paciência reduz a possibilidade de descermos para os reinos inferiores de existência, pois a paciência reduz a raiva. Por outro lado, a paciência é uma causa para o renascimento nos reinos superiores, pois é uma qualidade nobre e uma fonte da qual surgem outras qualidades nobres. Se tivermos a paciência genuína, nosso corpo e nossa mente vivenciarão bem-aventurança dia e a noite. Todos esses benefícios são mencionados no *Sutra O Rei da Meditação*.

Em suma, os corajosos dotados de paciência veem todos os fenômenos como uma ilusão, naturalmente vazios. Veem que a essência de todas as coisas é vazia, mas não se agarram a isso como um objeto chamado vacuidade. Vacuidade não é uma coisa. A essência do vazio é também vazia. Reflita sobre isso. Os bodhisattvas não mais veem características. Não vendo características, apoderam-se da fortaleza da essência e vão além do nascimento e morte. Conquistam o corpo de emanação e podem emanar em incontáveis mundos a fim de beneficiar os seres desses mundos. Esse é o resultado da paciência.

Esclarecendo a paciência

1. Reflita sobre a sua motivação. Neste momento, você realmente deseja ajudar os outros?
2. Você realmente compreende a visão correta? Por exemplo, ao receber ensinamentos sobre ausência de uma entidade inerente, você se sente confiante sobre a sua compreensão conceitual? Caso contrário, estude, reflita e torne claro. Se estiver confiante da sua compreensão conceitual, pratique a meditação que se conecta experiencialmente com essa compreensão. Visão é comprometer-se com a verdade. Meditação é expandir essa verdade. Conduta é expressar a verdade.
3. Pergunte-se muitas e muitas vezes: quão alinhadas estão minha visão, meditação e conduta?

- Seja sincero. Pergunte a si mesmo:
- Sou humilde?
- Eu vejo os outros como iguais a mim?
- Tenho a sinceridade de ser uma testemunha direta do meu próprio comportamento?

9

Esforço alegre

1º: Inspire-se

> Se, sem preguiça, mas com esforço alegre,
> realmente trabalhas para o despertar supremo,
> tua busca por samadhi é pura.
> Portanto, Jovem, um bodhisattva que deseja
> cultivar esse samadhi com esforço alegre e sem
> dar importância à própria vida está sempre
> seguindo meu exemplo.
>
> — Capítulo 17

Milarepa, o grande iogue do Tibete, vivia em cavernas cobertas de neve em montanhas fustigadas pelo vento, vestindo apenas um pano de algodão fino e mantendo-se aquecido com o poder de sua habilidade de iogue. Comia apenas urtigas verdes e era nutrido principalmente pelo alimento do samadhi. Durante décadas, Milarepa permaneceu sozinho, treinando diligentemente as instruções essenciais dadas a ele pelo seu guru, Marpa, e, com o tempo, atingiu o perfeito despertar.

Outro mestre tibetano fez votos de se sentar em quietude até alcançar a realização, tal como o Buddha prometeu permanecer sentado imóvel debaixo da árvore Bodhi. Depois de alguns dias, tornou-se faminto e debilitado. Mais quatro dias se passaram e ele estava à beira da morte — quando, subitamente, em um momento de clareza, todo o medo se dissipou, e a luz da realização emergiu dentro dele.

Um outro iogue prometeu não se deslocar para nenhuma cidade ou vila para conseguir comida enquanto praticava próximo a um pequeno lago de alta altitude. Lá ficou durante o inverno, com a neve caindo sobre ele por seis meses. Precisou se cobrir de feno para permanecer vivo no frio. Às vezes, comia a carne de animais congelados que encontrava, outras vezes conseguia arrancar tubérculos do solo e de vez em quando comia tufos de grama seca.

Esses iogues praticavam austeridades para estabilizar seu compromisso com a realização. Suas práticas não eram realizadas cegamente, ou com algum tipo de entendimento nebuloso. Nessas situações, os mestres sabiam exatamente o que estavam fazendo. Conheciam os ensinamentos por dentro e por fora. Entendiam o caminho e como percorrê-lo, e então o conduziam sem nenhuma dúvida. Esses iogues não fingiam ser mais avançados do que realmente eram. Simplesmente, tinham a habilidade de treinar sob condições desafiadoras. Sabiam o que precisavam fazer e viviam no mundo de acordo com esse entendimento, sem dar importância à própria vida.

Quando falamos das provações dos iogues de alto grau de excelência, não nos referimos simplesmente ao desconforto que sentiam em seus joelhos ou à dor na parte inferior das costas — às vezes, suas próprias vidas estavam em jogo. Avalie a poderosa convicção necessária para levar alguém a esse nível de comprometimento físico. Todos deveríamos ler as histórias de vida de grandes meditadores como Milarepa, pois essas histórias nos mostram como é a verdadeira diligência.

Adotamos a prática da meditação com base na compreensão da preciosidade da nossa vida humana, a natureza impermanente dos fenômenos, a lei infalível de causa e efeito e as deficiências de permanecer no samsara. Para nos inspirarmos, podemos lembrar que os frutos da prática são sublimes, para além de qualquer coisa que possamos imaginar. Como o Buddha disse em uma coletânea dos seus ensinamentos fundamentais conhecidos como *Dhammapada*: "Um homem sábio não trocaria uma felicidade menor por uma maior?".

Sob essa perspectiva, às vezes traduzimos a palavra tibetana para diligência como "esforço alegre". Esta é uma forma inspiradora de se abordar o caminho. No início, "esforço alegre" soa bem, mas, na realidade, requer muito empenho. Afinal, você precisa ser capaz de permanecer sentado por muitas horas. Pode parecer difícil, mas quando você se senta por três horas, o esforço alegre vai embora depois de uma hora. Uma vez que tenha um pouco de estabilidade, você pode se sentar e meditar, e ter a experiência de ficar muito feliz. Mas quando começa a estender o período em que fica sentado, um dia você começa a pensar: "Tudo bem, já chega. Seria bom fazer outra coisa. Talvez eu devesse fazer um lanche". Quando esse pensamento vier, volte a sua mente para a impermanência. Muito deliberadamente pense consigo mesmo: "Vou morrer hoje. Vou morrer neste instante! Preciso treinar!" Você precisa desse elemento corajoso da diligência. Portanto, mais uma vez, embora seja bom começar com a agradável expressão "esforço alegre", é bom continuar com "diligência" como é mais comumente entendido. Então, uma visão mais profunda começa a se desenvolver e a verdadeira alegria toma conta de nós.

O *Sutra Rei da Meditação* diz que, se o nosso objetivo é estabilizar o samadhi, devemos chegar a um ponto do treinamento que não mais demonstre preguiça. Se esse pensamento for intimidador, é porque ainda desejamos ter prazer mundano e sucesso mundano. Se treinarmos corretamente e buscarmos o samadhi de modo puro, descobriremos que o caminho se torna alegria absoluta. A diligência avançada está enraizada nessa alegria. Até que esse momento chegue, continuamos a perseverar.

Como foi dito, o bodhisattva literalmente busca a realização sem qualquer pensamento de preservar a própria vida. O primeiro passo, entretanto, é entender o caminho. Sem entender o caminho, o esforço totalmente focado na prática é inútil. Assim, o bodhisattva entende como dar origem ao samadhi, que é exatamente o que estamos esclarecendo aqui neste livro. Devemos definitivamente integrar as instruções que recebemos na nossa prática de meditação.

Muitas vezes, nossa ânsia de praticar é influenciada pelas experiências que estamos tendo na prática de meditação. Se estivermos tendo boas experiências de meditação, queremos meditar mais. Porém, se tivermos circunstâncias mais problemáticas, muitas vezes somos dissuadidos. O momento de dissuasão é uma oportunidade para verificarmos a qualidade da nossa diligência. Com certeza, existe o extremo de estarmos muito confortáveis, e o resultado disso é que não sentimos muita necessidade de praticar.

Ao contrário de uma pessoa normal, a diligência de um bodhisattva mahasattva é limitada apenas pelas condições físicas que impedem sua sobrevivência, não pela dor que vivenciam. Por esta razão, a diligência dos bodhisattvas é verdadeiramente extraordinária.

Cobrinhas aparecendo no nosso local de retiro, abelhinhas pairando em torno do nosso cabelo no jardim enquanto meditamos, os sons de carros ou pessoas discutindo — essas são coisas com as quais um dia paramos de nos importar. Quando não somos mais desconcentrados por essas coisas, obtemos resultados excelentes. Teremos a experiência de sermos abraçados pelos buddhas, e nossa maneira de pensar a saúde e a felicidade vai se expandir.

> Serás abraçado pelos buddhas e todos os deuses.
> Não esquecerás os ensinamentos que recebeste,
> e receberás ensinamentos que ainda não ouviste.
> Alcançarás os vários samadhis e terás menos doenças.
>
> — Capítulo 29

Quando somos diligentes, as pessoas que amamos se tornam mais amorosas conosco. Se formos preguiçosos, a maioria das pessoas não vai gostar de nós, honestamente falando. Quando trabalhamos arduamente, mesmo se não ganhamos muito dinheiro, mas nos esforçamos para fazer algo nobre, todos nos elogiam. Se ficarmos apenas sentados e não fizermos nada além de comer, as pessoas que nos amam ficarão irritadas, independentemente se somos jovens ou idosos. Isso é muito sensato.

No Dharma não é tão diferente. Se treinar com diligência, você terá a sensação de que está sendo abraçado pelos buddhas. Sabendo que está sendo abraçado pelos buddhas, obterá as bênçãos e as qualidades dos buddhas. Além disso, os devas o protegerão e os protetores do Dharma o afastarão de problemas financeiros. Você compreenderá o Dharma e seu conhecimento não se degenerará. Encontrará ensinamentos que nunca ouviu antes e colherá os frutos desses novos ensinamentos. Até mesmo as suas práticas atuais produzirão novas realizações. Por exemplo, no presente você pode praticar cultivando um pouco de compaixão, mas quando se tornar admiravelmente diligente, a prática atingirá grande profundidade. Será capaz de ver com uma clareza e uma compaixão que não tinha antes.

Embora o estudo e a reflexão formem o alicerce para a prática, você ganhará mais com a meditação do que com a leitura excessiva de livros do Dharma. Às vezes, lemos sobre práticas que estão muito fora do nosso alcance. Um livro pode produzir um efeito em você com suas palavras, mas você não pode produzir um efeito no livro, por assim dizer. Há uma grande diferença entre ler a respeito das experiências dos praticantes autênticos e realmente se sentar na almofada para domar sua própria mente. Você precisa persistir, treinar e desenvolver um conhecimento dentro de si mesmo. Isso é muito mais importante do que ler um livro deitado na cama e fantasiar sobre ser um grande meditador. Livre-se desse hábito de fantasiar o "grande meditador" e se esforce para praticar.

Com diligência, você dominará os diferentes estados meditativos e não será vítima de tantas doenças. Talvez você passe a valorizar as circunstâncias que levam ao treinamento adequado. Vai se alimentar bem, praticar bem e se cuidar, porque, afinal, você é diligente! Quando indagamos às pessoas pouco saudáveis por que não querem fazer exercícios, elas às vezes dão uma resposta sincera: "Sou preguiçoso". Elas não têm a diligência de fazer o que deve ser feito para melhorar a própria saúde. Quando estiver praticando bem e se alimentando bem, você será como uma flor — incontestável e brilhante, cheia de encantamento. Esse é o benefício da diligência.

O *Sutra Rei da Meditação* nos fala sobre esses benefícios. Não os estou inventando. Um sutra muitas vezes fornecerá uma descrição das vantagens mundanas da prática junto com os resultados dármicos. Podemos nos inspirar na ideia de que nossa aparência vai se tornar brilhante, e devemos. Em conjunto com essa inspiração mundana, entretanto, orientamo-nos em direção ao supremo. Deixamos a inspiração ser inspiração e nos voltamos para a alegria insuperável do samadhi genuíno. Atingimos essa alegria aplicando esforço em três áreas.

2º: BUSQUE O RESULTADO

> Os bodhisattvas devem aplicar esforço em três áreas.
> Quais são elas?
> Essas áreas são: extinguir as emoções aflitivas, tornar-se um campo de mérito e gerar as raízes da virtude com o desejo de alcançar a sabedoria dos buddhas — mas não para experimentar a felicidade mundana.
>
> — Capítulo 38

Seja qual for a prática que fizermos, a fazemos por três motivos principais: (1) para dominar os pensamentos e as emoções negativas, (2) para nos tornarmos um campo de mérito para nós e para os outros e (3) para desenvolvermos a sabedoria do Buddha. Com relação ao primeiro deles, sabemos que estamos nos aperfeiçoando no caminho quando ganhamos a habilidade de ver como reagimos, o quanto somos descontrolados emocionalmente, o quanto nossos pensamentos produzem pensamentos adicionais e o quanto apego temos. Quando começamos a perceber isso, esse é um excelente sinal. Essas aflições começarão a diminuir pelo poder da consciência. Por meio do treinamento correto, elas vão se extinguir por completo.

Khandro Yeshe Tsogyal, consorte tibetana de Padmasambhava, fez uma grande aspiração diante do guru. Ela disse: "Que eu possa me tornar uma joia que realiza desejos para seja quem for que me encontrar". Isso é o que Buddha quer dizer quando fala que devemos nos esforçar para sermos um campo de mérito. Você deve se tornar um grande ser — um ser com um mérito tão grandioso que se alguém pensar em você, mesmo por um único momento, o fluxo mental dessa pessoa será impresso com o seu mérito. Em outras palavras, a força da sua sabedoria e virtude é tão poderosa que você beneficia os seres simplesmente estando no planeta. Em segundo lugar, você deve se tornar uma luz para o mundo dessa forma. Se for um praticante autêntico, você automaticamente se torna um recipiente de mérito.

Em terceiro lugar, seja qual for a prática que fizer, você deve almejar a obtenção da sabedoria, nada menos do que isso. Quando se foca atentamente no verdadeiro resultado da prática, você não toma caminhos secundários. Você não vai se desgastar com nada. Se for eficiente em sua intenção, os resultados vêm rapidamente.

Contemple estes três objetivos: domar os pensamentos negativos, tornar-se um campo de mérito e alcançar a sabedoria. O primeiro visa reduzir o mal, o segundo visa alcançar a realização espiritual e o terceiro, aumentar a realização e o benefício. Uma das maneiras de dizer "Buddha" em tibetano é *chom den dey*. Aqui, *chom* significa "vencer", *den* significa "ser dotado" e *dey* significa "transcender". A primeira sílaba, portanto, refere-se a dominar as emoções negativas, a segunda refere-se a ser dotado de mérito e qualidades, e a terceira refere-se à sabedoria transcendente. Então, uma das palavras para "Buddha" é na verdade composta pelas três áreas nas quais aplicamos esforço — as três áreas que constituem a diligência.

Uma das aspirações de Padmasambhava era trazer benefícios temporários e bem-aventurança suprema para quem criasse uma conexão com ele, independentemente de essa conexão ser positiva ou negativa. Devemos também fazer tais aspirações. Quando nos tornarmos um campo de mérito genuíno, até mesmo o homem que nos roubou no estacionamento há dez anos será beneficiado pela sua conexão conosco. Essa é a compaixão imparcial que surge do oceano de mérito de um supremo praticante. O Buddha disse que a virtude de uma centena de pessoas normais não poderia ser comparada ao mérito de um único praticante autêntico.

Ir além, *dey*, significa corporificar a sabedoria. Do fundo do coração, gere a intenção de ser inseparável do grande samadhi da sabedoria. Esforce-se em desejar intensamente desenvolver essa sabedoria.

3º: Alegre-se com sua prática

Quando perceber diligência em si mesmo, alegre-se. Por algum tempo, o caminho oscilará entre o esforço excessivo e o estímulo alegre. Por exemplo, ao escrever este livro, analisei o texto-raiz do *Rei da Meditação* e selecionei citações que seriam úteis para explicar e facilitar o entendimento. Isso exigiu muito esforço, todavia havia virtude nessa busca. À noite, eu fechava o sutra e me deitava, sabendo que havia me envolvido em uma atividade positiva. Fazia súplicas aos gurus e buddhas e depois ia dormir. Quando acordava de manhã, eu fazia uma prática, olhava o sutra novamente, marcava mais citações e à noite dormia de novo, sabendo que tinha sido ativo para o bem dos outros. Com esse esforço, veio a alegria.

Gostaria também de falar sobre um tipo particular de esforço que deve ser exercido no nosso tempo atual. Quando acordar de manhã, pare de olhar imediatamente para o seu celular. A primeira coisa que você deve fazer é praticar: coloque sua mente no Buddha e gere o desejo de reunir mérito e sabedoria incessantemente ao longo do dia. Se abrir o celular logo ao acordar, sua mente começa a disparar de imediato. Daí, quando se sentar para praticar, sua mente não vai se acalmar. Às vezes, há coisas que são muito prementes, mas mesmo quando estou passando por um período de sufoco, levo tempo para responder até que minha prática matinal esteja completa. Essa é uma forma de diligência.

Se formos diligentes, desenvolveremos as qualidades dos buddhas. Grandes seres virão para nos ajudar. Como uma flor de lótus, permaneceremos intocados pelas dificuldades e aflições que aderem aos seres sofredores do mundo. Como estamos sempre praticando, nossa mente está voltada para o despertar, e os obstáculos escoam como água. A virtude aumenta, dia e noite. Se gerarmos a mente do despertar ao longo do dia, essa mente será levada para o estado de sonho. No estado de sonho, acumularemos virtudes devido a esse estímulo, e nossos sonhos serão saturados de bondade amorosa. Imagine como seria!

Aprimorando a diligência

1. **Lembre-se continuamente da impermanência:** pense em sua própria morte e na morte daqueles que ama. Lembre-se da preciosidade deste exato momento e de como é raro ter condições de praticar genuinamente.

2. **Domine as emoções negativas:** veja suas próprias aflições sem ficar obcecado em erradicá-las. Pratique com calma e continuamente a fim de reduzir o poder dessas aflições.

3. **Torne-se um campo de mérito:** acumule mérito realizando atividades, grandes e pequenas, que beneficiem os outros. Quanto mais vasta e profunda for a sua motivação, maior será a acumulação. Sua motivação deve reconhecer a inseparabilidade de todos os fenômenos.

4. **Desenvolva sabedoria:** o verdadeiro samadhi é a natureza vazia da sua mente, que está sempre presente. Lembre-se de que todos os buddhas não estão separados da natureza vazia e, portanto, não estão separados de você. Quando nos lembramos disso continuamente, o samadhi aumenta até atingirmos a realização.

10
MEDITAÇÃO VITORIOSA

> O comportamento virtuoso sempre vem em
> primeiro lugar, em seguida, a habilidade de
> eliminar os conceitose abandonar as definições e
> características dos objetos:
> essas são as instruções do Vitorioso.
>
> — Capítulo 14

ATÉ AQUI, discutimos o cultivo, a conduta e o esforço de um bodhisattva, que são as condições virtuosas internas e externas que sustentam a prática meditativa. Agora é hora de aprender a meditação do Buddha. O texto-raiz do *Sutra Rei da Meditação* diz que aqueles que meditam com habilidade serão alegres e livres de dor física. Manterão naturalmente a sua conduta, e seus caminhos estarão livres de obstáculos. Por fim, sustentarão a visão do Buddha e liberarão a si mesmos.

Sempre que o Buddha fala dos princípios da meditação Mahayana, ele menciona três pilares: vacuidade, ausência de características e ausência de desejo. Discutiremos a meditação no contexto desses três pilares.

Nagarjuna ensinou que a vacuidade vai além dos quatro extremos da existência, da não existência, de ambas e nenhuma das duas. Se acreditamos que algo é real e tem substância inerente, estamos nos agarrando à existência. Se acreditamos que tudo é vazio, caímos no extremo da não existência. Acreditar que as aparências são ao mesmo tempo existentes e não existentes ainda é agarrar-se a um extremo, e, também, acreditar que os objetos não são nem existentes nem não existentes é o extremo definitivo. A vacuidade transcende totalmente o apego aos conceitos. Até percebermos a vacuidade, saltamos de um extremo a outro.

Buddha Shakyamuni disse que sustentar a visão da vacuidade é se libertar do esforço de manter o samadhi e, todavia, ainda permanecer em samadhi. Existem essencialmente dois estágios na prática da meditação que levam a essa sustentação sem esforço. Nossa prática de meditação primeiramente tem um objeto de suporte, e posteriormente não tem um suporte. O Buddha ensina esses dois estágios no *Sutra Rei da Meditação*.

1º: Visualize o Buddha reluzente

> Com seu corpo puro de cor dourada,
> o soberano deste mundo é magnífico.
> Um bodhisattva que se concentra nessa percepção
> está mantendo o samadhi...
> Quem traz à mente a forma do Tathagata
> terá os sentidos pacificados e paz mental.
> Sua mente sempre repousará livre de confusão.
>
> — Capítulo 4

Começamos visualizando o corpo dourado do Buddha e repousando nossa atenção sobre essa forma. Imagine que o Buddha aparece no céu à sua frente sobre um trono de lótus. Seu corpo resplandecente é imaculado — é a coisa mais linda que você já viu. Intencionalmente, lembre-se desse esplendor. Ele está carregado e reluzindo de amor e sabedoria, e dirige seu olhar a você. O Buddha é totalmente desperto, livre de julgamento, compassivo e onisciente. Sua luz de sabedoria se irradia para você e todos os seres. Esforce-se para visualizar o Buddha e os benefícios sempre o seguirão.

> Cultivando o fluxo mental dessa maneira, verás o
> protetor deste mundo dia e noite.
> Quando um dia estiveres doente e indisposto e sentires
> o sofrimento da morte iminente, tua lembrança do
> Buddha não enfraquecerá e não serás dominado pela
> experiência do sofrimento.
> Assim, aqueles que indagam com sabedoria sabem que
> todos os fenômenos passados e futuros são vazios, e,
> permanecem no modo como as coisas são, apreciam a
> sua prática e nunca se cansam.
>
> — Capítulo 4

Mantenha essa visualização e lembre-se de que a natureza bem-aventurada do Buddha não é separada da sua própria natureza. Essa natureza é incondicional e não tem uma causa. Ninguém fez essa natureza sem causa.

> Os sábios compreendem o condicionado e o
> incondicionado e, repudiando a concepção de causas,
> permanecem na ausência de causas.
> Assim, reconhecem que todos os fenômenos são vazios.
>
> — Capítulo 4

2°: Dissolva a visualização

Mantendo o reconhecimento de que a natureza do Buddha é a sua natureza, sustente a visualização do Buddha por algum tempo. A seguir, dissolva essa forma no espaço. Assim que dissolver a visualização, repouse sem se concentrar em nada. Simplesmente repouse. Isso é shamatha, ou calma permanência, sem foco.

Quando desenvolvemos a habilidade de repousar em shamatha sem foco, estamos iniciando a prática da vacuidade.

> Jovem Luar, os bodhisattvas mahasattvas que dominam a sabedoria de que todos os fenômenos são por natureza insubstanciais, não se apegam a qualquer forma, som, cheiro, gosto, sensação ou fenômeno mental. Não têm aversão a eles. E também não são ignorantes com relação a eles. Por quê?
>
> Eles não percebem verdadeiramente esses fenômenos; não comprovam a evidência desses fenômenos. Então, que apego poderiam ter? Ao que poderiam se apegar? Quem poderia estar apegado? Que aversão poderiam ter? Ao que poderiam ter aversão? Quem poderia ter aversão? Que ignorância poderiam ter? Sobre o que poderiam ser ignorantes? Quem existe para ser ignorante? Eles realmente não percebem nem comprovam a evidência de qualquer um desses fenômenos.
>
> — Capítulo 8

Repousando em shamatha estável e livre de foco, pergunte a si mesmo: "Quem está tendo esta visão?" Procure o observador. O observador não está nem dentro nem fora. Quando não conseguir descobrir de onde surge o observador, relaxe o olhar. É assim que se vê a mente. Isso é chamado de "ausência de características". Se meditar dessa maneira, a condição de ausência de desejo virá naturalmente. Você não se apega ao pensamento da iluminação e não deseja ser livre dos reinos inferiores. Não tem esperança e não tem medo. Nesse espaço, a natureza vazia se tornará aparente. Ao ver a natureza vazia, você vê que forma, som, cheiro, sabor e tato são todos vazios. No instante em que vê a natureza vazia, você não tem nenhum desejo, nenhuma raiva e nenhuma ignorância. No momento em que vê, não verá nem uma única coisa que tenha existência substancial. Não se apegue.

> Quando estão em meio a uma floresta na montanha,
> as pessoas vão cantar, rir e gritar.
> Embora ouça esses ecos, não lhes dê atenção.
> Do mesmo modo, entenda que todos os fenômenos são assim.
>
> — Capítulo 9

3º: NO PÓS-MEDITAÇÃO, TUDO É ILUSÃO

Imagine que você está sozinho em uma floresta na montanha. Tudo está calmo, iluminado e refrescante. Vagando por entre as árvores, você ouve pessoas rindo, conversando e chorando. Você não vê as pessoas, mas o som vem, no entanto. Quando procura o som — de onde ele vem, onde ele está e para onde vai —, você não consegue encontrá-lo. É meramente um som, sem base. Todos os fenômenos são assim. Examine os sons neste exato momento. De onde eles vêm, onde estão, para onde vão?

> Quando a lua nasce em um céu limpo e seu reflexo aparece em um lago cristalino, a lua não entrou na água.
> Do mesmo modo, entenda que todos os fenômenos são definidos dessa forma.
>
> — Capítulo 9

Em um céu totalmente limpo, você vê a lua brilhante. À sua frente há um lago plácido, sem nenhuma ondulação agitando sua superfície. Você olha para o lago e lá está a lua outra vez. A lua não desceu e entrou no lago. É apenas um reflexo. Todos os fenômenos são como esse reflexo. Considere essa possibilidade e então olhe para aquilo que aparece. Talvez você já tenha ouvido essa metáfora antes. Não deixe que isso seja um mero pensamento agora, mas observe o que aparece. Olhe e veja como tudo é como a lua no lago.

Pelo poder do insight, que vem do treinamento em meditação, muitas e muitas vezes não testemunhamos nada realmente presente dentro das aparências do nosso mundo. Não fabricamos a experiência de os fenômenos serem insubstanciais, nem sobrepomos "o nada" ao mundo. Olhamos com o poder do insight crescente e vemos que tudo é como a lua no lago cristalino. É por isso que dizemos que tudo é vacuidade, paz e imaculado desde o início. O que há para ser maculado?

Do mesmo modo, um praticante que deseja atingir o samadhi observa como os três venenos, apego, aversão e ignorância, são dependentes dos seis objetos dos sentidos. Vê uma forma agradável e sente desejo. Ouve um som agudo ou sente um odor repulsivo e sente raiva ou aversão. Quando encontra os objetos de forma, som, cheiro, paladar, sensação e experimenta os fenômenos, compromete-se com a continuidade do karma. Se puder ver a natureza ilusória desses objetos, não ficará apegado a eles e não perpetuará o ciclo do samsara. Do mesmo modo, quando não consegue encontrar o eu que deseja, o eu raivoso ou o eu ignorante, o samsara se desfaz. É assim que o samadhi surge.

> Jovem Luar, como é que os bodhisattvas mahasattvas dominam a sabedoria essencial da insubstancialidade de todos os fenômenos? Jovem, os bodhisattvas mahasattvas precisam compreender plenamente que todos os fenômenos são sem substância, sem essência, não têm características, são indefinidos, não criados, incessantes, implícitos, vazios, primordialmente pacíficos e naturalmente puros.
>
> — Capítulo 8

O Buddha diz que todos aqueles que realmente praticarem a meditação do insight não se agitarão. Serão cuidadosos e se lembrarão dele. Vão manter sua conduta, e sua sabedoria não oscilará intermitentemente. Não abandonarão o Dharma e sempre domarão suas mentes da maneira correta.

A verdadeira natureza é vazia, é paz e, desde o início, é imaculada. Quem quer que perceba isso e nunca se separe dessa realização, é chamado de buddha. Quem quer que veja os fenômenos como naturalmente imaculados desde o início, é chamado de buddha. Um buddha abandonou todos os extremos.

> Tanto a "existência" quanto a "não existência" são
> extremos, assim como pureza e impureza também são
> extremos.
> Portanto, abandonando os dois tipos de extremos,
> o sábio não fica no meio.
>
> — Capítulo 9

Não podemos permanecer nos extremos de existência e não existência, puro e impuro, bem e mal. Mas também não devemos ficar parados no meio, porque essa também é uma posição à qual podemos nos agarrar. Quando sustentamos qualquer posição, estamos entrando em debate com outras posições. Enquanto mantivermos a tensão de uma posição, nós sofremos. Quando não temos uma posição a defender, seja por meio de argumentações internas ou debates com os outros, nosso sofrimento diminui.

Na realização da vacuidade, não há pensamento conceitual. Não há objetos aos quais se apegar. As aparências do mundo não estão verdadeiramente estabelecidas. Isso é o samadhi. Um dia, enquanto meditamos com a intenção de realizar essa natureza para o benefício de todos os seres, a sutil suposição de que há um meditador que está meditando desaparecerá por completo. Isso é o samadhi.

Não há possibilidade de um ser normal nascer sem medo. No entanto, ao longo de uma única vida, pode-se alcançar o destemor. O destemor vem da ausência de desejo, que vem do abandono da pretensão ou vaidade. É possível falar com muita eloquência sobre os ensinamentos do Buddha, meditar com muita diligência e investigar a mente contínuas vezes com a intenção de se libertar, e ainda assim manter a vaidade.

> Mesmo enquanto falam sobre as quatro nobres
> verdades,o imaturo afirma: "Eu vejo a verdade".
> Não pode haver vaidade em ver a verdade:
> o Vitorioso disse que a verdade é sem pretensão.
>
> — Capítulo 9

Pessoas imaturas podem dizer: "Eu vi a verdade", mas quando dizem isso, estão agarradas a ela. Aliás, a verdade é a ausência de apego. Se nos agarramos a ter visto a verdade, então não estamos mais vendo a verdade. Algumas pessoas pensam que entendem muitos ensinamentos e se sentem orgulhosas por ouvirem tanto Dharma, mas nunca mantêm sua disciplina. Por quebrarem sua disciplina, caem para os reinos inferiores. O que ouvimos não nos salva, e o que dizemos sobre a verdade não nos salva. Quando repousarmos completamente na ausência de apego, o samadhi despontará.

4º: Permita a realização

> Depois de repousar em meditação
> sem acreditar em nada,
> esse estado desprovido de qualquer pretensão
> é conhecido como samadhi.
>
> — Capítulo 13

Existem dois tipos de presunção. O primeiro está relacionado à visualização e o segundo está relacionado ao fato de que, se pensar dessa maneira, sua visão não pode ser superior. O segundo tipo de presunção é se encher de orgulho com a pureza da sua própria conduta. Se você se sente cheio de orgulho, você não atingiu a disciplina suprema. Se você não estuda muito e não escuta muito, mas se torna tão orgulhoso da sua rigorosa disciplina, você está fadado a cair dos píncaros do seu orgulho. No mundo hoje há muitos meditadores, mas eles não diminuem seu apego ao ego. Consequentemente, veem surgir dentro de si as emoções negativas, muitas e muitas vezes. Esses praticantes não compreendem a ausência de ego e não aplicam a meditação que vê a natureza vazia. Quando o fizerem, atingirão o nirvana.

Quando esses tipos de presunção desaparecem, você se torna um remédio espiritual para o mundo. Você se torna um repositório de sabedoria com infinita dignidade. Você se torna aberto e generoso. Quando encontra pessoas que não têm nenhum suporte, você facilmente se torna um suporte para elas. Você se torna a embarcação que leva as pessoas às margens do despertar. Você se torna a resposta.

Qual é a resposta? É o Dharma. Você se torna o Dharma. Sua boca é a fonte da qual fluem as palavras da verdade. Se não tiver realização, o Dharma não emana da sua fala — não pode sair de você —, e suas palavras não terão poder. As palavras provisórias dos ensinamentos são sagradas, mas ainda mais sagradas são as palavras que emanam de um ser iluminado enquanto ele ou ela caminha pelo mundo — palavras que são perfeitamente adequadas à situação vigente, no momento em que são pronunciadas.

Se o Buddha não tivesse alcançado a realização, o Dharma não teria fluído da sua boca. Nós nos voltamos para o Buddha porque ele é a fonte do Dharma. Quando você se conecta com a realização que se irradia do Buddha, você se torna o Buddha naquele momento, e todos os buddhas o louvam. Quando se senta em conexão com essa realização, inúmeros buddhas o abençoam. Esse é um sentimento arrebatador.

Essa realização não é um estado de absorção. É a não meditação, decorrente das condições estimulantes de fazer oferendas, visualização, meditação, conduta ética e visão correta. É um treinamento na natureza. Essa natureza é o *dharmakaya*, o estado supremo do Buddha.

> Aqueles que permanecem no dharmakaya
> sabem que todas as entidades são insubstanciais.
> Desvendando a percepção das entidades,
> não veem os corpos de forma do buddha.
>
> — Capítulo 4

O treinamento na natureza se resume a repousar no dharmakaya que é como o céu. Isso é o que chamamos de não meditação. Certo e errado, bem e mal — toda a função dualista da mente é abandonada. A partir da meditação sem foco, desenvolvemos a capacidade da não meditação. Ganhamos a capacidade de apenas nos sentar na natureza essencial. Não retraímos os sentidos. Se você se senta assim para meditar, você não está permanecendo com a mente que discrimina e analisa a experiência. Quando deixa os sentidos bem abertos e naturalmente sustenta a ausência de apego, todas as coisas que aparecem são ornamentos do dharmakaya. Na maioria das vezes, vivenciamos o samsara, mas, quando nos sentamos assim, a mente em si é luminosa.

> Jovem, as qualidades búdicas são infinitas, inconcebíveis, impensáveis, inimagináveis, incomensuráveis. Por quê? Jovem, a natureza da mente é sem forma e indefinível. Jovem, essa natureza da mente é a essência das qualidades do Buddha. A essência das qualidades do Buddha é a essência dos tathagatas. A essência dos tathagatas é a essência de todos os fenômenos.
>
> — Capítulo 12

O *Sutra da Nobre Sabedoria na Hora da Morte* diz que, quando a mente realiza a si mesma, isso é sabedoria. Não procure pelo Buddha em outro lugar. Quando você realiza a natureza vazia da mente, esse é o momento de conhecer o buddha, o estado desperto que é indivisível do Buddha Shakyamuni, e essa é a essência de todos os fenômenos.

Essa meditação elimina o apego, libera a aversão e está além da ignorância. Quando começa a meditar dessa forma, você supera a ignorância e a fonte de toda a luta samsárica. Todos nós temos inatamente essa sabedoria. Precisamos simplesmente desabrochá-la.

Devo dizer novamente que, para praticar a meditação profunda da não meditação, muitas condições devem ocorrer. Se tentarmos apenas nos sentar e repousar na natureza da mente, vamos nos lançar contra uma parede invisível e não chegaremos ao resultado desejado. O Buddha nos ensina aqui, neste texto, como criar as condições que levam à realização da vacuidade. Portanto, reúna todas as condições! A seguir, traga a sua mente para a forma do Buddha, dissolva a forma e repouse em calma permanência sem foco. Quando conseguir ver a natureza da mente sem esforço, esse é o grande selo do dharmakaya, esse é o grande entendimento.

> A realização da mente
> que repousa em meditação
> tem a mesma característica, nome e forma;
> esses são puros e luminosos.
>
> — Capítulo 18

Despertando para a meditação vitoriosa

Desenvolvendo shamatha por meio da visualização do Buddha

- Treine manter uma visualização clara e estável da forma do Buddha. Ele é dourado, repleto de amor e sabedoria, e volta seu olhar transcendente para você. Sinta a presença do Buddha e as bênçãos incessantes que ele concede.
- Dissolva a visualização no espaço, diminuindo a forma do Buddha até que ela desapareça completamente.
- Repouse em shamatha, em calma permanência, sem se concentrar em nada.
- Empenhe-se nessa prática até que você tenha desenvolvido estabilidade em shamatha sem foco. Isso exigirá muitas sessões de prática. Depois de desenvolver essa estabilidade, comece a se conectar com o buddha natural, conforme as instruções abaixo.

Conectando-se com o buddha natural

Prossiga com a visualização e a lembrança da presença da sabedoria do Buddha, tal como foi exposto acima. Lembre-se de que o Buddha à sua frente está sempre presente e nunca esteve separado da natureza da sua mente. A forma do Buddha diminui lentamente, mas, em vez de se dissolver no espaço, ela se dissolve em luz e depois se dissolve em você. A seguir, repouse no estado de reconhecer que você nunca esteve separado da natureza do Buddha.

Dentro deste estado de repouso:

1. Sejam quais forem os pensamentos que surgirem na sua mente, a natureza desses pensamentos é vazia.

2. Quando olhar para essa consciência, ela também é vazia.
3. Repouse sem se agarrar a nada.

Aprimore a sua prática da seguinte maneira:

- Faça oferendas ao Buddha, ao Dharma e à Sangha.
- Pratique continuamente a visualização do Buddha para aumentar a dignidade transcendente que reconhece que você nunca esteve separado do Buddha.
- Desenvolva a compaixão por meio do treinamento em todos os aspectos do caminho.

11

Sabedoria, o Buddha inconcebível

> Na superfície de um fio de cabelo habitam todas
> as cinco classes de seres — seres dos infernos,
> criaturas do reino animal, seres dos reinos
> dos fantasmas, deuses e humanos, que não se
> misturam nem interferem uns com os outros.
> Em seus mundos existem lagos e oceanos,
> rios, lagoas e nascentes — não se misturam nem
> interferem uns com os outros.
> Quão inconcebível é o Buddhadharma!
>
> — Capítulo 19

1º: Os fenômenos são realmente puros e infinitos

Em um único fio de cabelo, habitam lagos e oceanos sem entrar em contato uns com os outros. Dentro de cada fragmento de espaço conceitualizado há infernos de calor e frio, há milhares de seres desfrutando da bem-aventurança dos deuses e há milhares de reinos búdicos com seres praticando a meditação e vivenciando a sabedoria que está além de obscurecimentos. Nesses reinos búdicos, há nobres sentados e ensinando, que aparentam aparecer e parecem desaparecer. Não existe um único buddha — existem infinitos buddhas. Se não tiver sabedoria transcendente, você não conseguirá ver dessa forma.

> Na superfície de um fio de cabelo existem tantos
> buddhas como existem grãos de areia no rio Ganga,
> e esses vitoriosos têm terras puras de vários tipos
> e características.
>
> — Capítulo 18

Se uma pessoa tem percepção pura, cada parte do seu corpo é o Buddha. Tudo o que vemos é buddha. Às vezes, as pessoas que não estão praticando a percepção pura vão questionar a validade e a fonte dos nossos métodos. Essa descrição oferecida pelo Buddha no *Sutra Rei da Meditação* estabelece a base para a maneira como começamos a praticar a percepção pura.

> Tal como o despertar do Buddha,
> assim são seus atributos.
> Tal como seus atributos,
> assim é seu corpo.
> Tal como seu corpo, despertar e atributos,
> assim são as terras puras búdicas;
> e seus poderes, liberação e meditação
> são também de uma única característica.
>
> — Capítulo 18

A realização, o corpo e as terras puras de cada buddha compartilham a mesma natureza, e tudo o que aparece e existe na nossa experiência também tem essa natureza. Reconhecer que tudo acabará se tornando puro na nossa experiência nos permite fazer aspirações corajosas. Ao longo do caminho, aspiramos um dia descer aos reinos dos infernos para ensinar aos seres o Dharma sublime que liberta do sofrimento. O mestre budista indiano Shantideva disse que os bodhisattvas descem aos reinos dos infernos como cisnes pousando em lagos plácidos. Deveríamos também desejar realizar este tipo de atividade, sabendo que, como bodhisattvas, veremos como puras todas as aparências dos infernos.

> Saibas que todos os fenômenos são ilusórios;
> como o céu é naturalmente vazio, saibas que tua
> natureza é exatamente assim.
> Ao praticar esse entendimento, não estarás apegado a
> nada; com desapegada sabedoria, trarás benefícios;
> embora deste mundo, envolver-te-ás na atividade
> desperta suprema.
>
> — Capítulo 11

Há uma história tradicional de cinco cegos que tentam determinar a forma de um elefante. Um deles segura a tromba e diz que um elefante é comprido. O segundo segura a cauda e diz que é pequeno. Outra passa as mãos sobre a barriga e o descreve como redondo e rugoso. Cada um deles tenta descrever o elefante, mas se conecta apenas a uma pequena parte do grande animal. Do mesmo modo, os ensinamentos expressam a natureza do Buddha para seres sencientes que nunca o viram. Alguns dizem que é vacuidade, outros dizem que é ausência de entidade inerente e alguns dizem que é percepção pura. O que é realmente? Essas palavras descrevem a natureza búdica, mas o buddha é dharmata, a essência da realidade que está além da compreensão intelectual e além de descrições. E, no entanto, a qualidade inconcebível de dharmata não impede os ensinamentos descritivos. O buddha está além e é inseparável dos ensinamentos.

2º: FORMA E DESPERTAR NÃO SÃO SEPARADOS

> Forma e despertar são equivalentes:
> não encontrarás nada para diferenciá-los.
> Mesmo quando explicas o nirvana
> por meio de palavras em uma forma profunda,
> O nirvana não será encontrado,
> nem encontrarás o nome nirvana.
> Nenhum deles pode ser encontrado.
> Assim, o ensinamento diz que
> os fenômenos vazios são nirvana.
>
> — Capítulo 25

Não devemos falar de um despertar que ocorre separado da forma. Todas as coisas surgem na dependência de todas as outras. Não podemos dizer que uma tangerina é a sua própria entidade. Ela é o resultado da interação de uma semente, do solo, da água, do sol e do vento. A percepção da tangerina depende das pessoas que a trouxeram para onde ela está agora e dos incontáveis elementos que a mantêm unida. Depende do olho que percebe, do objeto percebido e da consciência. Quando olhamos atentamente para o aparecimento de qualquer coisa, a verdade suprema está lá. Nenhum objeto existe como uma entidade separada de qualquer outra coisa. Nagarjuna disse que é precisamente porque tudo é vazio que qualquer coisa é possível. Tudo o que é condicionado é naturalmente vazio de uma existência independente, imutável.

No Vajrayana, ensinamos que todos os fenômenos são a deidade. Quando ouvimos isso, a dúvida pode surgir. Como esses aparecimentos impuros podem ser a deidade? Mas, se entendemos a visão Mahayana de que tudo é condicionado e, portanto, vazio, podemos chegar à compreensão de que tudo é primordialmente iluminado. Por meio da acumulação de mérito e sabedoria, é possível ver isso. Com esse entendimento, desenvolvemos imensa flexibilidade para ver seja o que for que desejarmos.

Visualizar um buddha "concebível" nos ajuda dar um salto na direção do buddha inconcebível, que é aparente como a natureza de todas as formas. Indivíduos adeptos da Nova Era ouvem isso e pensam que podem imaginar o que quiserem e chamar de Buddha. Ou vão pensar que podem visualizar Buddha Shakyamuni de terno e gravata, dando ensinamentos a todos os seres sencientes. Por um lado, é claro que podemos fazer isso. Tudo o que aparece é um reflexo da natureza búdica, então podemos dizer que qualquer coisa que visualizamos reflete o Buddha. A questão é: será que isso realmente leva à realização ou apenas a mais conceitos?

Será que visualizar Buddha Shakyamuni de terno e gravata nos ajuda a nos conectarmos com as qualidades do estado desperto, do mesmo modo que visualizar um buddha reluzente nas vestes do Dharma, resplandecendo com a luz da sabedoria? Se a resposta for não, e estivermos visualizando dessa forma apenas para exercitar nosso livre-arbítrio, então estamos na verdade sendo autoindulgentes e inábeis. Dharma significa compreender a sua natureza, e não brincar com o potencial da mente. Podemos nos apaixonar pelos nossos próprios métodos e realmente usar mal o potencial da nossa mente. A prática sempre se volta para a sinceridade, para o desenvolvimento da mente, para beneficiar os outros. Quando entramos em práticas de visualização mais avançadas, percebemos que as características do Buddha têm um poder simbólico potente para nos ajudar a realizar o buddha dharmakaya supremo. Visualizar o Buddha segurando um iPad não nos dá acesso à sabedoria da mesma forma que visualizar uma tigela de esmolas cheia de néctar nos dá. Os símbolos tradicionais do Buddha correspondem às qualidades presentes na mente desperta — eles têm poder.

À medida que avançamos na compreensão conceitual de que as aparências são a essência vazia, vamos nos envolver em vários ângulos de investigação intelectual. Perguntas como "se as aparências são impermanentes, o Buddha é impermanente?", são com frequência debatidas em ambientes monásticos. Quanto mais penetramos no significado dessas questões por meio do estudo e da discussão, mais esclarecemos nosso entendimento do Buddha. Quanto mais claro nosso entendimento convencional, mais fácil será acessar o Buddha inconcebível. No entanto, lembre-se de que o objetivo da investigação é desenvolver a confiança para ir inteiramente além da elaboração conceitual.

Temos aqui um outro ângulo: a forma e o Buddha são a mesma coisa em essência, mas sua expressão é diferente. O que vemos agora é relativo. O que a natureza da mente vê é a natureza da mente. Quando dizemos "direita", isso parece excluir a "esquerda" e vice-versa. Mas, na verdade, "esquerda" e "direita" são inseparáveis. Qual veio primeiro? O conceito de "direita" surgiu antes do conceito de "esquerda"? Na verdade, esses conceitos surgem ao mesmo tempo. Eles são dependentes um do outro. Da mesma forma, se quisermos entender como forma e natureza iluminada são inseparáveis, precisamos ver a maneira como nos fixamos na forma ou na ideia sutil de vacuidade. Ambas são fixação. A fixação em conceitos nos impede de esclarecer a inseparabilidade que está além dos conceitos. Devemos permitir que o julgamento colapse naturalmente a fim de ver o Buddha que não está separado da forma.

Se possuírem uma única característica, os bodhisattvas mahasattvas obterão essas qualidades e, rapidamente, realizarão o pleno despertar insuperável, perfeito e completo. Qual é essa característica? Jovem Luar, é o conhecimento que os bodhisattvas mahasattvas têm da essência de todos os fenômenos. Jovem Luar, como podem os bodhisattvas mahasattvas conhecerem a essência de todos os fenômenos? Jovem Luar, os bodhisattvas mahasattvas reconhecem que os nomes dos fenômenos não existem e que os fenômenos não têm nome. Eles sabem que todos os fenômenos são sem som, sem palavras, sem rótulos, sem nascimento e incessantes. Suas causas e propriedades estão em desacordo, e suas condições e propriedades estão em desacordo. Os fenômenos são definidos por isolamento. Sua característica especial é não ter característica. Eles não têm nenhuma característica. São inconcebíveis, impensáveis e além da mente.

— Capítulo 11

3º: Suspenda o julgamento

Quando praticamos a suspensão do julgamento, diminuímos o apego, e a mente dualista perde sua rigidez. Nesse momento, vivenciamos um dualismo sem fim. A mente dualista não pode apreender a união não dual de forma e vacuidade. Somente dando origem à mente não dual é que a experiência não dual pode desabrochar. Não importa o quanto pensemos sobre a não dualidade, não a experienciaremos a menos que percorramos um caminho que nos leve a suspender totalmente a conceitualização.

A sabedoria que vê dessa maneira é que nos permite realmente praticar as seis paramitas de modo apropriado. Com sabedoria transcendente, sabemos como dar generosamente, sem apego ao processo de dar. Nunca estamos separados da disciplina, mas não aceitamos nem rejeitamos. Nossa paciência é constante, mas não nos apegamos aos seres sencientes. Temos uma motivação poderosa para praticar, mas nosso corpo e mente nunca se agarram a um resultado egocêntrico. Mantemos a prática da meditação, mas não conservamos o conceito de meditação.

Quando você pratica dessa forma, os obstáculos não podem atingi-lo. Ser interrogado por céticos não fará com que você duvide do seu ponto de vista. Você terá grande compaixão. Não será seduzido pelos objetivos mais restritos daqueles que se esforçam apenas para perceber a ausência de um eu pessoal, mas não a insubstancialidade de todos os fenômenos. Quando traz essa sabedoria transcendente para a prática das seis paramitas, você atinge o samadhi vitorioso do Buddha. Por meio desse samadhi, você põe em prática os quatro discernimentos corretos.

> Os bodhisattvas mahasattvas pensam da seguinte maneira: "Desejo pôr em prática os quatro discernimentos por todos os meios possíveis". Quais são esses quatro? São as percepções que discernem corretamente os dharmas, os objetos, a linguagem e a eloquência.
>
> — Capítulo 24

Muitas vezes ficamos céticos quando ouvimos Buddha ser descrito como "onisciente". Onisciência aqui não significa que o Buddha sabe como fazer suco de mirtilo. Significa que ele realizou a natureza de tudo o que poderia surgir — entendeu a natureza de cada ser que já veio ao mundo no passado e que virá no futuro. É por isso que chamamos o Buddha de onisciente. Realmente não importa se o Buddha sabe fazer suco de mirtilo. O suco de mirtilo não resolve nossos problemas.

Quando compreendemos a função relativa dos cinco agregados — forma, sensação, percepção, formações e consciência — temos a compreensão correta. Todas as pessoas possuem esses cinco agregados. Por isso, se entendemos como nossos próprios agregados funcionam, conhecemos a função dos constituintes da outra pessoa e podemos "discernir os fenômenos" corretamente. Depois de entender como funcionam os agregados, podemos nos aprofundar mais para ver a nossa natureza. Se chegarmos à compreensão da nossa própria natureza, teremos compreendido o "significado" corretamente. Quando pudermos explicar esse significado com precisão, nossa fala será chamada de "palavra definitiva". O que surge desses três — o discernimento dos fenômenos, a compreensão do significado e a palavra definitiva — é a "confiança". Adquirimos confiança em nossa própria compreensão, em nossa capacidade de expressar os ensinamentos com eloquência e em saber que a pessoa que está ouvindo os compreendeu. Além disso, seremos capazes de expressar o Dharma.

Somente os buddhas completamente iluminados possuem o poder total dos quatro discernimentos. Esses discernimentos emergem da natureza não obscurecida do Buddha. Para que possam desenvolver esses discernimentos, os bodhisattvas treinam continuamente no grande samadhi.

> Por mais falhas que os fenômenos condicionados
> possam ter, há tantos louvores a serem feitos ao nirvana.
>
> — Capítulo 24

4º: Lembre-se de que o Buddha é dharmakaya

O samsara é constituído por infinitas formações. Essas formações impermanentes são sempre maculadas pelo apego e, portanto, sempre acompanhadas de sofrimento. Será que algum ser senciente é capaz de compreender a extensão dessas formações infinitas? Algum ser samsárico é capaz de conhecer tudo o que está em desdobramento, não apenas neste mundo, mas em todo o vasto universo de incontáveis mundos? Claro que não — essas formações são infinitas. Quando reconhecemos que não podemos conceber todas as formações, compreendemos como o nirvana, que vai além e, portanto, transcende todos os fenômenos do samsara, é inconcebível. A partir desse entendimento, podemos nos relacionar com o fato de o estado desperto ser inconcebível.

Não considere o buddha supremo como *rupakaya*, o "corpo da forma". O Buddha supremo é dharmakaya, o "corpo da verdade", livre de características. É incomensurável e imperturbável — é como o espaço. Quer haja bem-aventurança ou sofrimento, o dharmakaya não muda. Dharmakaya é vacuidade. Os seres que desejam ouvir a linguagem de sabedoria do Buddha devem saber que a sabedoria do Buddha está além do modo de se exprimir pela linguagem. As pessoas que desejam alcançar a budeidade devem saber que o Buddha está além até mesmo desse desejo.

Você e eu podemos olhar para uma estátua do Buddha e ver representações semelhantes. Podemos falar tanto da *ushnisha* no topo da cabeça do Buddha, ou a cor dourada do seu corpo, mas não vemos essas características da mesma maneira. Temos uma forte sobreposição de karma, pois ambos somos humanos neste determinado tempo e lugar. Vemos similaridades devido ao poder do nosso condicionamento semelhante, mas os ensinamentos nunca dizem que vemos a mesma coisa. O Buddha não tem uma forma objetiva.

> Não é fácil entender o corpo do Tathagata em termos de características e ações.
> Ele pode ser de cor azul... cor amarela...
>
> — Capítulo 18

Embora os humanos quase sempre tenham uma percepção semelhante da forma do Buddha, ter exatamente a mesma percepção é impossível. Portanto, o rupakaya é um reflexo do dharmakaya e aparece de acordo com o karma dos seres individuais. Como diz o sutra:

> Jovem Luar, por isso, o corpo do Tathagata é puro.
> Não pode ser pensado em termos de características impuras. É ensinado como inconcebível. Não pode ser caracterizado de forma alguma.
>
> — Capítulo 18

Nos ensinamentos budistas fundamentais, encontramos uma representação padrão do Buddha histórico, que está ligada a uma percepção limitada do Buddha — que não inclui uma compreensão do corpo da forma e do corpo da verdade. No Mahayana, essa visão é expandida e, no Vajrayana, é completamente revelada. Vemos buddhas em incontáveis formas, em vários formatos, alguns até com cabeça de porco. Por quê? A forma de um porco é um reflexo da natureza essencial e, portanto, em última instância, também é Buddha.

Aproximando-se do Inconcebível

Prática de rupakaya

1. Desenvolva a visualização do Buddha à sua frente, conforme indicado no capítulo anterior sobre meditação. Agora, intensifique a sua compreensão, lembrando-se de que todas as aparências não estão separadas do Buddha. Intencionalmente, veja *todas as coisas* como inseparáveis da forma visualizada à sua frente.
2. A seguir, compreenda que o Buddha não está separado de tudo o que aparece à sua volta. Expanda a essência da forma do Buddha em tudo o que aparece.
3. Alterne entre lembrar a si mesmo que todos os fenômenos são inseparáveis do Buddha e que o Buddha permeia todos os fenômenos.

Prática de dharmakaya

Comece com a prática de rupakaya de visualizar o Buddha. Mantenha a visualização da forma do Buddha e instantaneamente reconheça que tudo é da natureza do dharmakaya, a essência vazia. Sem necessidade de dissolver o Buddha ou reconciliar qualquer coisa conceitualmente, feche a lacuna entre o dharmakaya e o rupakaya.

Esta prática é difícil e vai demorar muito para ser desenvolvida. O resultado é a confiança, a ausência de dúvidas e a dignidade de reconhecer que sua natureza é iluminada. Não ter dúvidas é saber exatamente o que fazer. Ter confiança é desfrutar e confiar na prática. A dignidade surge quando a confiança se transforma em experiência.

Você sabe que atingiu um insight quando as seis paramitas são inseparáveis do Buddha. Quando oferece dinheiro para alguém na rua, você não se apega a essa pessoa como uma entidade, mas experimenta a inseparabilidade da natureza de todas as coisas.

12
O TESOURO DO DESPERTAR

1º: O DESPERTAR É ABUNDANTE

> Quando o Buddha colocou o pé na soleira do portão, todos foram libertados da fome e da sede.
> Quando o Buddha colocou o pé na soleira do portão, todos que eram cegos, que eram surdos, ou desamparados, ou tinham pouco mérito — passaram a ver e a ouvir.
> Quando o Buddha colocou o pé na soleira do portão, os fantasmas famintos que viviam no submundo — sofrendo enquanto comiam muco e cuspe — foram tocados pela luz e descansaram tranquilos.
> Quando o Buddha colocou o pé na soleira do portão, os topos dos penhascos, os cumes das montanhas, todas as árvores sala preciosas, as árvores karnikara e semelhantes curvaram-se na direção do Buddha.
>
> — Capítulo 10

ÀS VEZES ouvimos que o Buddha não tem nenhum poder — ele pode ensinar, mas devemos fazer todo o trabalho nós mesmos. Essa é a opinião dos seguidores do budismo original. No Mahayana, entendemos que o

Buddha é dotado de habilidades inconcebíveis e tem o poder de nos beneficiar.

Quando a consciência é liberada de tudo, vemos a natureza da mente. Nesse momento, a sabedoria surge. Não estamos falando de um entendimento mundano. Estamos falando de sabedoria. Estamos falando do que é mais poderoso e traz completa liberdade em todas as atividades. Quando o samadhi é aprimorado e finalmente aperfeiçoado, é possível ir a incontáveis campos puros de experiência e conhecer oceanos de buddhas. Esse é o tipo de potencial que está completamente além da nossa compreensão. Uma afirmação como essa atrairá críticas de quem está entrincheirado no condicionamento da linguagem, da cultura e, em suma, do samsara — nenhum desses é capaz de abordar esse potencial. Porém, quanto mais estudarmos e praticarmos, mais nos conectaremos a essa capacidade — não por uma fé cega, mas vendo o que o Buddha realmente é.

O corpo do Buddha não tem uma forma única. O Buddha se manifesta por compaixão de acordo com as necessidades dos seres. O Buddha não tem gênero, embora em momentos específicos possamos nos referir à forma de um Buddha como "ele" ou "ela". Buddha não é homem nem mulher, não tem uma cor ou tamanho específico e não existe em uma direção específica. O aparecimento do Buddha na experiência relativa depende do condicionamento e das necessidades de cada ser senciente.

Diz-se que quem quiser conhecer os kayas, os corpos do Buddha, deve praticar o samadhi sublime. Aquele que pratica esse samadhi vê como as trinta e duas qualidades principais e oitenta qualidades secundárias do corpo do Buddha são, na verdade, o mesmo que o despertar não condicionado.

No Vajrayana, falamos em cinco kayas, cinco discursos, cinco corações, cinco sabedorias, cinco qualidades e cinco atividades. Quando falamos das cinco qualidades, às vezes falamos sobre o trono da deidade, onde Buddha reside. Dizemos que essa qualidade, esse trono, existe primordialmente na natureza pura.

Se mantivermos a realização da natureza vazia, manteremos todos os poderes e qualidades do Buddha. Os campos búdicos, que são inseparáveis da natureza da mente, desabrocham onde quer que haja um buddha. Se mantivermos essa realização, a compaixão pura se irradiará para todos os seres sencientes.

2°: MANTENHA O TESOURO DO SAMADHI

Usando a armadura do grande Dharma,
o forte e o corajoso são atingidos pelo vajra supremo
da vacuidade com o qual então atacam.

— Capítulo 33

Aquele que mantém essa natureza é como um tesouro inestimável. Um dos meus gurus, Tulku Urgyen Rinpoche, me disse que repousar em autêntico samadhi por um único segundo gera mais mérito do que fazer inúmeras oferendas a todos os buddhas e bodhisattvas.

Quem quer que mantenha
este samadhi imaculado, incomparável,
é como a ilimitada profusão de buddhas,
um vasto oceano de sabedoria.

— Capítulo 37

O *Sutra Rei da Meditação* diz que a primeira qualidade de um bodhisattva que realiza o samadhi profundo é que ele não pode ser superado em esplendor — ele se torna como o Sol ou como a Lua crescente entre as estrelas. Em segundo lugar, a pessoa que realiza esse samadhi é inabalável. Quem quer que a questione não pode derrotar sua posição porque ela tem uma visão sublime. A terceira qualidade é que a sabedoria de tal pessoa é incomensurável. Ela pode responder a qualquer pergunta com maestria. A quarta qualidade, minha favorita, é que sua confiança, sua dignidade, se torna inabalável.

Samadhi não é apenas uma mente estável. Samadhi é o fluir da sabedoria que concede os quatro tesouros do Buddha, do Dharma, da sabedoria e do conhecimento dos três tempos (passado, presente e futuro).

O tesouro do Buddha é o poder da visão, o poder da audição e o poder de conhecer a mente dos outros. É o conhecimento das vidas passadas e futuras e a aquisição do domínio sobre os poderes miraculosos.

O tesouro do Dharma é a capacidade de ouvir todos os ensinamentos do Buddha onde quer que sejam ensinados. Aqueles que têm essa capacidade são tão perceptivos, têm uma audição tão transcendente, que podem realmente ouvir os ensinamentos que ressoam nas dez direções. Nunca estão separados dos ensinamentos do Buddha.

O tesouro da sabedoria é tal como o nome indica — grande sabedoria. A pessoa entende todas as coisas e está além do conceito de "esquecimento". Os seres com este tesouro são capazes de ensinar aos outros e conhecer exatamente o significado de todos os ensinamentos.

O tesouro do conhecimento dos três tempos é também exatamente como o nome indica: ver a mente e a conduta dos seres sencientes no passado, no presente e no futuro.

Quando alguém realiza esses quatro tesouros, sua atividade em nome dos outros se torna infinita. Se você fizer um grande esforço para não quebrar seus votos, se for persistente em sua prática e ouvir os ensinamentos dos sutras, não há como não conquistar esses tesouros. Ao manter o significado desse sutra no seu corpo, fala e mente, você dará origem à dignidade iluminada. Nenhuma ação pode competir com o benefício de ter gerado a determinação de aderir até mesmo a uma única linha do sutra.

O Buddha diz tudo isso no texto-raiz. Por isso, sinta-se afortunado, pratique as acumulações e as dedicações e seja persistente em preservar a intenção do sutra. Assim, você ganhará confiança.

Motivando-se com os tesouros

Motive-se contemplando as qualidades dos buddhas. Diga a si mesmo: "Eu preciso praticar". Considere que todas as qualidades iluminadas mencionadas são perfeitas e inatas na realização da natureza essencial. Essa realização é samadhi. Contemple sua natureza búdica completamente perfeita e desperta.

13

Corporificando os ensinamentos

É raro que um Buddha tenha aparecido neste mundo.
O renascimento como ser humano é difícil de encontrar, assim como a fé nos ensinamentos, renúncia e ordenação.
Quem quer que faça dedicações para a mente do despertar
Agrada o nosso guia.

— Capítulo 25

Nascer em um lugar onde um buddha apareceu é extremamente difícil. Entre os inúmeros insetos, animais e seres sem forma, ser humano é muito raro. Praticar verdadeiramente o Dharma é ainda mais raro, e dedicar a virtude que você reuniu para o benefício da iluminação é precioso. Portanto, temos muita sorte. Devemos reconhecer nosso grande mérito e sentir a preciosidade dessas condições temporárias.

Se dedicarmos nossa virtude enquanto relembramos a preciosidade dessa oportunidade de praticar, os buddhas ficarão muito satisfeitos. Se lembrarmos dos pontos apresentados neste sutra, não abandonaremos os nossos votos — vamos praticar adequadamente e manter a nossa conduta. Embora façamos dedicações ao final das sessões ou depois de ter acumulado virtude, um sentido contínuo de dedicação pode nos conduzir ao longo do caminho.

O Buddha disse que qualquer pessoa que cultiva as práticas descritas no *Sutra Rei da Meditação* desenvolverá grande dignidade. Ele disse que, por meio da audição de apenas quatro versos do sutra, a pessoa reúne mais mérito do que se ele fosse falado. O Buddha também disse que aplicar na nossa prática até mesmo uma única linha deste sutra reúne mais mérito do que fazer respeitosamente incontáveis oferendas aos nobres. Devemos, portanto, aplicar o máximo possível do que é ensinado no sutra e dedicar a generosidade dos nossos esforços de quatro maneiras.

> Os bodhisattvas mahasattvas também dedicam sua generosidade de quatro maneiras. Quais são elas?
> "Possa eu gerar as raízes da virtude da generosidade a fim de obter os meios hábeis por meio dos quais os abençoados realizaram um despertar insuperável, perfeito e completo." Esta é a primeira dedicação.
>
> "Possa eu gerar as raízes de virtude de generosidade para sempre ser acompanhado por mestres espirituais que me ajudem a alcançar o despertar insuperável, perfeito e completo, enquanto aprendo, memorizo, entendo, recito e respeito seus ensinamentos dos meios hábeis sob sua orientação." Esta é a segunda dedicação.
>
> "Possa eu gerar as raízes da virtude da generosidade para que possa adquirir riquezas que possam trazer sustento para o mundo inteiro." Esta é a terceira dedicação.
>
> "Possa eu gerar as raízes da virtude da generosidade para que alcance a realização nesta vida mesmo, e para que esse corpo se torne fonte dos dois tipos de be-

nefícios, ao mesmo tempo em que ajudo os seres por meio do Dharma e da ajuda material." Esta é a quarta dedicação.

— Capítulo 35

Os grandes seres fazem quatro dedicações depois de concluírem sua prática ou depois de doar generosamente. Em primeiro lugar, dedicam o mérito de aprender os métodos que levam à realização. Assim, plantam as sementes do aprendizado futuro e voltam o impulso da sua prática em direção à aquisição do samadhi.

Em segundo lugar, o que considero particularmente importante, os bodhisattvas fazem a aspiração de ter um professor autêntico que sempre os apoiará e protegerá, que os ensinará a praticar corretamente e que os guiará ao longo do caminho.

Em terceiro lugar, dedicam e aspiram a obter as condições muito práticas do meio de subsistência correto e apoio material que tornem a prática mais fácil. Isso significa ser sustentado por dinheiro limpo e recursos virtuosos. Precisamos nos lembrar dessa dedicação.

A quarta dedicação é feita com a aspiração de dar origem à generosidade — a generosidade dos bens materiais e a generosidade do Dharma. Esta dedicação mostra que o Dharma do Buddha Shakyamuni não está em conflito com o viver no mundo.

Algumas pessoas criticam os budistas, dizendo coisas sem sentido como: "Oh, eles só praticam para alcançarem a iluminação e não se importam com os outros". Esse pensamento está completamente errado. A iluminação completa e total é impossível de se obter sem o desejo de ser uma ativa força de benefício para os outros. O próprio movimento em direção a outros seres, a bodhichitta que inclui a todos de maneira irrestrita, é a essência do caminho. Oferecer o Dharma que conduzirá os seres à virtude significa realmente plantar as sementes para uma sociedade nobre.

> Qualquer pessoa instruída que oferece o Dharma
> está sempre vivendo de acordo com o Dharma dos
> grandes seres.
> Seu país também se tornará puro e virtuoso
> e as condições que conduzem ao despertar florescerão.
>
> — Capítulo 29

Imagine que você é um bom praticante. Você tem motivação pura, deu origem a bodhichitta e, portanto, vê todos os seres como iguais e realmente deseja oferecer a verdade a todos os seres. Se deseja ser capaz de levar o Dharma a todos os seres, você precisa conviver com o Dharma. Se não viver o Dharma, você não pode transmitir o Dharma. Quando você realmente começa a oferecer o Dharma, de dentro do Dharma, tudo é transformado em pureza. A pessoa que recebe sua oferenda, você mesmo, todas as percepções — tudo se torna cada vez mais purificado.

Mas, por favor, lembre-se de que, para oferecer o Dharma verdadeiramente, você deve prestar homenagem a seus professores e reduzir seu orgulho. Dessa forma, você estabelece as bases para começar a beneficiar outras pessoas por meio do ensinamento do Dharma.

> Oferecendo palavras de respeito a seus professores
> e eliminando o orgulho desde o início —
> é assim que os vitoriosos soberanos do Dharma ensinam.
> Suas mentes são instigadas apenas pela virtude;
> pois compreenderam e realizaram a sabedoria.
> Sempre abandonam as tendências ignorantes
> e ensinam os fatores do despertar supremo.
>
> — Capítulo 14

Ao se engajar em tal conduta, você começará a desenvolver muito mérito. Por exemplo, alguns professores me dizem que se aperfeiçoaram mais ensinando outras pessoas do que praticando sozinhos. Acredito que pode ser o caso, porque, enquanto ensinam, eles precisam de uma forte motivação para oferecer o Dharma puramente. Quando alguém oferece o Dharma puramente, qualidades poderosas surgem.

> Jovem Luar, você deve saber que os bodhisattvas mahasattvas que guardam na memória, compreendem, corporificam, leem, recitam, transmitem, cantam e ensinam amplamente este samadhi a outros obtêm quatro qualidades benéficas. Quais são essas? Seu mérito não pode ser superado em esplendor, eles são inatacáveis pelos oponentes, sua sabedoria é incomensurável e sua confiança é ilimitada.
>
> — Capítulo 18

É claro que também existem falsos professores. Alguém pode tentar oferecer o Dharma aos outros sem realmente agir de acordo com o Dharma ensinado pelo Buddha. O Buddha profetizou a propagação desse tipo de hipocrisia em nossa era atual.

> Em nome dos meus ensinamentos, eles exercerão o comando.
> Com o intuito de manter seus meios de subsistência.
> Dominados por ganhos e honrarias,
> depreciarão uns aos outros.
>
> — Capítulo 18

Mas agora quero falar de uma boa pessoa, repleta de bodhichitta, alguém que ama o Dharma e tem compaixão. Se você é uma pessoa decente e dotada do poder de oferecer o Dharma, você possui um dom muito precioso. Uma pessoa que oferece o Dharma aumenta suas próprias qualidades iluminadas. Há um benefício genuíno para quem oferece e para quem recebe. Portanto, ofereça este Dharma profundo, que leva ao fim do sofrimento.

> Os bodhisattvas mahasattvas que desejam alcançar rapidamente o despertar insuperável, perfeito e completo e desejam libertar todos os seres do oceano de samsara devem ouvir este Rei do Samadhi que Revela Totalmente a Igualdade da Natureza de Todas as Coisas, que é louvado por todos os buddhas e é a mãe de todos os tathagatas. Devem guardar na memória, corporificar, compreender, ler, recitar, transmitir, cantar e cultivar esse sutra por meio da meditação livre de emoções aflitivas.
>
> — Capítulo 9

Muitos conhecem o velho ditado: "Dê um peixe a um homem e você o alimentará por um dia. Ensine um homem a pescar e você o alimentará por toda a vida". É melhor capacitar alguém para prosperar por meio do conhecimento do que deixá-lo viver à custa de outrem para seu sustento diário. Da mesma forma, se der dinheiro e coisas materiais, você só ajuda as pessoas por um curto período de tempo, o que não deixa de ser uma coisa muito boa de fazer. Mas se, com motivação pura, você der a alguém o conhecimento do Dharma, esse conhecimento continuará com a pessoa até sua iluminação. Quando oferece o Dharma, você beneficia incontáveis seres. Oferecer o conhecimento que leva à iluminação é superior a qualquer outra coisa que você possa dar. Quando oferece as palavras do Buddha, você concede as raízes de tudo o que é benéfico.

> As palavras do Buddha sempre dissipam as emoções aflitivas.
> Dão origem à felicidade, sem se comprazer em apego;
> dão origem à bondade amorosa sem aversão;
> dão origem à sabedoria sem ignorância.
> As palavras do Buddha dissipam todas as deturpações.
>
> — Capítulo 14

Quando ensinamos o *Rei da Meditação*, damos às pessoas os meios para se livrarem da doença do samsara, mas também damos a elas a capacidade de se livrarem de miríades de outras doenças do mundo. Hoje em dia, os cientistas estão conduzindo extensas pesquisas sobre os benefícios da meditação no nível celular, no nosso sistema neurológico e hormonal. Há mais de dois mil anos, o Buddha descreveu a meditação como uma forma de aliviar todas as doenças, seja no nível relativo ou absoluto. O Buddha é o médico dos seres, seu ensinamento é o remédio, e os nobres que corporificam seus ensinamentos são como as enfermeiros e cuidadores que cuidam de nós para que recuperemos a saúde. O refúgio oferecido por essas três joias é totalmente verdadeiro e nunca nos enganam.

Vivemos dentro de um oceano de seres sencientes — movendo-nos, conversando, sentados, dormindo, bebendo café, dirigindo carros, amando e chorando. Devemos manter este samadhi dentro da vasta expansão da mente em movimento. Se treinarmos persistentemente para refinar nosso entendimento da realidade, cultivando amor e compaixão, fazendo oferendas, tendo uma conduta correta e meditando, e se ansiarmos pela sabedoria suprema, não encontraremos nenhuma dificuldade em ver o Buddha. Se corporificamos esse ensinamento com humildade, dignidade e visão correta, vamos brilhar como o Jovem Luar.

Dedicação

Esta é a maneira mais fácil de dedicar:

> Que o templo do Dharma sublime se espalhe e floresça!
>
> Que os infinitos seres sencientes sejam felizes e saudáveis!
>
> Que o samsara e os três reinos inferiores sejam esvaziados e extintos!
>
> Que as hordas de maras sejam pacificadas e domadas!
>
> Que eu possa cumprir as aspirações de todos os bodhisattvas que residem nos *bhumis*!

O céu pode desabar com sua lua e estrelas,
o solo pode se desintegrar com suas montanhas
e cidades, e o espaço sideral pode transformar sua
aparência, mas suas palavras nunca são falsas.

— Capítulo 13

SOBRE O AUTOR

KYABGON PHAKCHOK Rinpoche nasceu em 1981 e é detentor da linhagem dos Tesouros Profundos de Chokgyur Lingpa, da Escola Nyingma de Budismo Tibetano. Ele também é um dos lamas principais da linhagem Riwoche Taklung Kagyu. Os principais mestres-raiz de Phakchok Rinpoche são seu avô, o falecido Kyabje Tulku Urgyen Rinpoche, bem como o falecido mestre de Dzogchen, Kyabje Nyoshul Khen Rinpoche.

Phakchok Rinpoche tem uma família, é pai de dois filhos, e ao mesmo tempo é responsável por várias instituições monásticas importantes. Sua vida exemplifica o delicado equilíbrio que muitos praticantes devem encontrar no mundo de hoje. De acordo com a tradição, devemos estudar e contemplar para compreender o significado profundo dos ensinamentos do Buddha. Devemos praticar de forma que genuinamente reduza nosso apreço ao eu e nossas emoções negativas. Como expressão da nossa prática, devemos nos engajar em atividades altruístas para ajudar nossa comunidade e além dela. Essa fórmula de estudo, contemplação, prática e atividade altruísta é o que Rinpoche segue e ensina.

Rinpoche expressa os ensinamentos dos veículos dos Sutras e do Mantra. Como mestre vajra do Monastério Ka-Nying Shedrub Ling, em Katmandu, no Nepal, ele tem amplo conhecimento dos métodos budistas esotéricos Vajrayana. No entanto, Rinpoche frequentemente baseia suas instruções nas palavras do Buddha contidas nos sutras. Ele integra a vasta visão da Grande Perfeição, a meditação autêntica do Mahamudra e os ensinamentos Mahayana sobre sabedoria e compaixão.

Phakchok Rinpoche dirige uma série de projetos humanitários no Sul da Ásia, lidera iniciativas de tradução por meio da *Lhasey Lotsawa Translations and Publications* e oferece uma grande variedade de recursos e programas budistas por meio do *Samye Institute*. Mais informações sobre Rinpoche e suas atividades podem ser encontradas em *www.phakchokrinpoche.org*.

eureciclo

O selo eureciclo faz comprensação ambiental das embalagens usadas pela Editora Lúcida Letra.

Que muitos seres sejam beneficiados.

Para informações sobre lançamentos de livros budistas pela Lúcida Letra, acesse www.lucidaletra.com.br

Lúcida Letra
Editora interdependente

Este livro foi impresso em março de 2022,
na gráfica da Editora Vozes